Antonie Ewoud Holwerda

Die alten Kyprier in Kunst und Kultus - Studien

Antonie Ewoud Holwerda

Die alten Kyprier in Kunst und Kultus - Studien

ISBN/EAN: 9783743489486

Hergestellt in Europa, USA, Kanada, Australien, Japan

Cover: Foto ©Thomas Meinert / pixelio.de

Manufactured and distributed by brebook publishing software (www.brebook.com)

Antonie Ewoud Holwerda

Die alten Kyprier in Kunst und Kultus - Studien

DIE ALTEN KYPRIER IN KUNST UND CULTUS.

STUDIEN

VON

D^R. A. E. J. HOLWERDA.

MIT MEHREREN LITHOGRAPHISCHEN ABBILDUNGEN UND EINER LICHTDRUCKTAFEL.

LEIDEN,
E. J. BRILL.
1885.

Folgende Studien wurden veranlasst durch eine genaue Betrachtung der kyprischen Alterthümer des britischen Museums. Doch wird keine eigentliche Beschreibung derselben bezweckt, sondern es geht die Untersuchung mehr auf allgemeine Fragen hin, wobei selbstverständlich die anderswoher bekannten Monumente von nicht geringer Wichtigkeit sind. Nicht desto weniger bedaure ich sehr, dass ich nicht im Stande bin, durch eine stattliche Reihe von Inedita aus dem britischen Museum mehrere meiner Behauptungen zu belegen. Nur zwei Terracotta-Statuetten vermag ich aus den dort befindlichen Schätzen mitzutheilen; ich gebe dieselbe in Lichtdruck. An diesen aber lassen mehrere Eigenthümlichkeiten der kyprischen Kunst sich verfolgen und sie sind, wie sich zeigen wird, auch in andren Hinsichten merkwürdig. Weiter gebe ich einige Reproductionen bei von bereits von Andern publicirten Monumenten, damit meine Erörterungen auch ohne das Nachschlagen der zahlreichen Citate wenigstens einigermassen verständlich sein mögen. Weiteres wird damit begreiflicher Weise nicht beansprucht. Dass Abbildungen, wie diese, die Anschauung der Originale nur sehr mangelhaft ersetzen können, brauche ich wohl nicht zu sagen.

Schliesslich bitte ich um Nachsicht für mein Deutsch, dessen Unvollkommenheit ich damit entschuldigen möchte, dass ein Holländer, der über Sachen wie die hier behandelten schreibt, wohl einigermassen gezwungen ist sich einer fremden Sprache zu bedienen.

LEIDEN, Mai 1885.   H.

Titel der wichtigsten citirten Schriften.

Leon Henzey. *Catalogue des Figurines antiques de terre cuite du Musée du Louvre Tome premier. Paris*, 1882.
 Handelt ausführlich über die kyprischen Alterthümer des Louvre S. 112—203, welche seit 1860 in dasselbe gelangten, besonders durch die Ausgrabungen von Vogué. Einige Stücke sind u. a. abgebildet in
Les Figurines antiques de terre cuite du Musée du Louvre. Paris 1883.
von demselben, und in
 George Perrot et Charles Chipiez. *Histoire de l'Art. Tome III, Phénicie-Cypre. Paris* 1884, welches letztere Werk überhaupt mehrere Inedita und bessere Abbildungen von schon edirten Monumenten gibt.
 Johannes Doell *die Sammlung Cesnola*. Mémoires de l'Académie de St. Pétersbourg VII. Ser. XIX. N°. 4. 1873.
 Der Verfasser wurde im Juni 1870 durch die Direction der Ermitage nach Cypern gesandt, weil dieselbe damals die Sammlung Cesnola ganz oder theilweise anzukaufen gedachte, und sie vorher eine genaue Beschreibung derselben sich wünschte. Der Ankauf wurde nicht zu Stande gebracht, Doells Arbeit aber von der Petersburger Academie herausgeben.
 The Antiquities of Cyprus by C. T. Newton M. A. *with an Introduction by* Sidney Colvin, *London* 1873.
 Im Jahre 1873 kam die Sammlung Cesnola zum Verkauf nach London. Damals wurden in obenstehender Schrift sehr gute Photographien von mehreren Stücken derselben ins Licht gegeben.
 [A. S. Murray's Atlas of the Cesnola Collection stand mir leider nicht zu Gebote].
 Richard Neubauer, *Der angebliche Aphroditetempel zu Golgoi und die daselbst gefundenen Inschriften in kyprischer Schrift*, in den Comment.-philol. in honorem Th. Mommseni. Berlin 1877. S. 673—693.
 Cypern, seine alten Städte, Gräber und Tempel. Von Louis Palma di Cesnola autorisirte deutsche Bearbeitung von Ludwig Stern; mit einleitendem Vorwort von Georg Ebers, Jena 1879.

Die aus diesem Buche von mir citirten Monumente sind folgende; ich setze die entsprechenden Stellen aus der englischen Ausgabe hinzu (*Cyprus, its ancient cities, tombs and temples, by General L. Palma di Cesnola, London* 1877): Cesnola-Stern Taf. I, 6, 7 — Engl. Ausg. *S.* 51, 4, 6; C. S. IV, 1 — E. A. *S.* 55; C. S. V, 2 — E. A. *S.* 68; C. S. IX — E. A. *S.* 77; C. S. XII — E. A. *Plate* VI; C. S. XVIII — E. A. *Pl.* X; C. S. XXI — E. A. *S.* 123 u. 131, 2; C. S. XXII — E. A. *S.* 132; C. S. XXV — E. A. *S.* 160; C. S. XXVI — E. A. *S.* 151 u. 149; C. S. XXVII — E. A. *S.* 143 u. 131,1; C. S. XXVIII — E. A. *S.* 129; C. S. XXIX — E. A. *S.* 145; C. S. XXX — E. A. *S.* 141; C. S. XXXI 1 u. 3 — E. A. *S.* 154 u. 145,3; C. S. XXXIII, 1 — E. A. *S.* 155; C. S. XXXV, 1 — E. A. *S.* 157,1; C. S. XXXVII, 2 u. 3 — E. A. *S.* 150; C. S. XXXVIII, 2 — E. A. *S.* 181, 2; C. S. XXXIX, 2,3 u. 4 — E. A. *S.* 203; C. S. XL, 1 — E. A. *S.* 207, 2; C. S. L, 3 — E. A. *S.* 275, 2; C. S LXVIII — E. A. *Pl.* XXIX; C. S. LXXXV — E. A. *S.* 394 u. 401; C. S. LXXXVI — E. A. *Pl.* XLII; C. S. XCI, 3,4 u. 5 — E. A. *S.* 410 u. 411; C. S. XCVI — E. A. *Pl.* XLVIII.

GEORGES COLONNA-CECALDI *Monuments antiques de Chypre, de Syrie et d'Egypte*, Paris 1882. Vom französischen Consul auf Cypern Colonna-Cecaldi erschienen mehrere Aufsätze über kyprische Alterthümer besonders in der Revue Archéologique. Diese wurden im oberstehenden Buche gesammelt.

R. H. LANG, *Narrative of Excavations in a Temple at Dali (Idalium) in Cyprus with observations on the various Antiquities found therein, by* R. S. POOLE ESQ. in den Transactions of the Royal Society of Literature. Second series Vol. XI, — Part. I. S. 30. Die Langsche Sammlung ist im britischen Museum.

ALEXANDER PALMA DI CESNOLA, *Salaminia, the History, treasures, & antiquities of Salamis in the Island of Cyprus.* London 1882. A. P. di Cesnola ist der Bruder des Generals.

Verzeichniss der Abbildungen.

Es sind dieselbe entnommen:

die auf Taf. I,	1 aus Layard Mon. of Nineveh	II Taf. 52; besprochen auf Seite 11.	
" " " "	2 " " " "	1 " 12;	" " 11.
" " " "	3 " Lang Narr. etc.	Taf. II, 6;	" " 14 u. 16.
" " " "	4 " Cesn. Stern Cypern	" XL, 2;	" " 14.
" " " "	5 " Doell die Samml. etc.	" VIII, 8;	" " 16.
" " Taf. II,	6 " Lang Narr. etc.	" III, 6;	" " 13, 17 u. 45.

die auf Taf.	II, 7	aus Lang, Narr. etc.	. Taf.	III, 4;	besprochen auf Seite 13 u. 35.		
" " " "	8	" Doell die Samml.etc..	"	I, 4;	"	" "	14, 17 u. 45.
" " " "	9	" Cecaldi Monum. etc.	"	XVII, 2;	"	" "	14 u. 45.
" " " "	10	" " " "	"	" ";	"	" "	14 u. 45.
" " " "	11	" " " "	"	XVIII;	"	" "	17 u. 45.
" " Taf.	III, 12	" Perr. u. Chip. Hist. de l'Art III S. 519;			"	" "	16, 17 u 45.
" " " "	13	" " " " " " "	. . 513;		"	" "	17 u. 45.
" " Taf.	IV, 14	" Lang Narr. etc. . . . . Taf.		II, 4;	"	" "	12, 15 Anm. 1 u. 46.
" " " "	15	" Cesn. Stern Cypern . Taf. XXIX, 1;			"	" "	11, 12, 21 u. 44.
" " " "	16	" Perr. u.Chip. Hist. de l'Art III S. 547;			"	" "	21.
" " Taf.	V, 17	" Cecaldi Monum. etc. . Taf.		IV, 3;	"	" "	11, 21 u. 44.
" " " "	18	" " " " " "		II;	"	" "	21, 22, 25 u. 44.
" " Taf.	VI, 19	" Lang Narr. etc.	"	I;	"	" "	11, 16, 21, u. 44.
" " Taf.	VII, 20	" Cesn. Stern. Cypern.	"	IX;	"	" "	31 ff.
" " " "	21	" Conze Mel.Thongefässe	"	III;	"	" "	31.
" " " "	22	" Cesn. Stern. Cypern. . "		L, 3;	"	" "	33 ff.

Ich citire diese allen durch die Worte »unsre Figur" mit einfacher Angabe der Tafel und der Nummer.

Die auf unsrer LICHTDRUCKTAFEL abgebildeten Terracotta-Statuetten stammen aus dem antiken Heiligthume bei Dali, wie wenigstens hinsichtlich der weiblichen von Lang, in seinen Narrat., — wo diese auch, freilich nach sehr kleinem Massstabe, abgebildet ist (Taf. IV, 2), — ausdrücklich bezeugt wird. Es sind diese Statuetten besprochen auf Seite 12 u. 19 flg.; die weibliche noch auf Seite 34, die männliche auf Seite 45.

INHALT.

I. DIE ANTIKEN HEILIGTHÜMER BEI ATHIENU UND DALI. S. 1.

Die cesnolaschen Ausgrabungen bei Athienu an zwei Stellen. Das viereckige Heiligthum an einer derselben; es war ein τέμενος, wie das Pelopion und Hippodamion zu Olympia; nicht der berühmte Aphrodite-Tempel zu Golgoi S. 1—2.
Das von Lang ausgegrabene Heiligthum bei Dali; es umfasste mehrere Heiligthümer; Parallele mit der Altis; es war das berühmte Heiligthum von Idalion. S. 2—4.
Auch das τέμενος bei Athienu stand innerhalb eines grösseren τέμενος. War dieses grössere das Heiligthum von Golgoi? War das kleinere τέμενος ein besonderes Heiligthum der Aphrodite oder des Apollo? S. 4—6.
Die ältere Anlage der kyprischen und griechischen Heiligthümer; heilige Hügel. S. 6.

II. KYPRISCHE KUNSTERSCHEINUNGEN. S. 7.

Einleitende Bemerkungen. Die kyprische Vasenkunst; Parallele mit der sogenannten mykenischen; nimmt später auch, wie die melisch-rhodische, orientalische Motive auf; doch scheint sie im wesentlichen nicht über die alte geometrische Decorationsweise hinausgekommen zu sein. Bestand schon Jahrhunderte bevor sie ägyptisch-assyrische Decorationsformen aufnahm. S. 7—10.
De kyprische Terracotta-Fabrication; ihr naher Anschluss an die der Vasen; ihre primitive, volksthümliche Art, S. 10.
Grössere kyprische Bildwerke. Aufzählung von demjenigen was Aegyptisches an ihnen vorkommt; ihr assyrisirender Kopftypus. Kein assyrisirender Stil gegenüber einem ägyptisirenden. S. 10—13.
Es zeigt sich an den kyprischen Bildwerken noch eine von den assyrischen und ägyptischen Elementen unabhängige Kunsttradition. Dieselbe

ist constatirbar an primitiven Arbeiten in Kalkstein, welche jener Elemente entbehren; Kalksteinplättchen; etwas weiter fortgeschrittene weibliche Figuren; andere Figuren besserer Behandlung. Die eigenthümliche Bartbehandlung dieser Kunsttradition; national-kyprische Kleidertracht, κίταρις, Chiton und Chlaina. S. 13—16.

Alles dies Nicht-assyrische und ägyptische verbindet sich mit den assyrischen und ägyptischen Elementen; tritt aber vor diesen niemals völlig zurück. Neben jenen kleineren primitiven Kalksteinplättchen und weiblichen Statuetten gibt es grössere, welche diesen bis auf mehrere oder wenigere assyrische Elemente am Kopfe ähnlich sind. Wahrscheinlich war die nicht assyrisirende oder ägyptisirende Kunstweise die ältere, in welche jene höheren Stilelemente später eindrangen. S. 16—18.

Sehr sicher älter als die ägyptisirende oder assyrisirende Kunstweise ist jene Terracotta-Kunst. Hebung derselben durch jene fremden Einflüsse; unsre Terracotta-Statuetten. S. 18—20.

Weitere Fortschritte der kyprischen Kunst. Sie fügt sich allmählich mehr den Erfördernissen der Rundplastik. Fortgesetzte Versuche mit Chiton und Chlaina. S. 20—21.

Mangel und Vorzüge der kyprischen Kunst; Kolossalbildnerei. S. 21—22.

Die archaisch-griechische und kyprische Kunst. Erörterung der scheinbaren oder wahren Punkte der Uebereinstimmung. Gegenseitige Beeinflüssung. S. 22—25.

Die kyprische Kunst gegenüber der phönikischen. Beide sind nicht ganz zu identificiren. S. 23—27.

Das Ägyptische verdankte die kyprische Kunst möglich phönikischer Vermittelung, möglich directer Uebernahme; das Assyrische wahrscheinlich letzterer. Anfänge der kyprischen Kunst in den letzten Jahren des 8en oder den ersten des 7en Jahrhunderts. Sie war älter als die griechische. S. 27—28.

Ende der echt-kyprischen Kunstübung im vierten Jahrhunderte. S. 28.

Uebersicht der gewonnenen Resultate. Weitere Erörterung des Zusammenhangs kyprischer und archaisch-griechischer Kunst. S. 28—30.

III. DIE BRONZESCHALE VON IDALION. S. 31.

Die Bronzeschale von Idalion ist ein mehr kyprisches Exemplar der phönikisch-kyprischen Metallschalen. Auf derselben ist ein Opfer an die Aphrodite vorgestellt. S. 31—33.

Gleichartige Ausstattung der Gottheit und ihrer Diener. S. 33—34.

Derartige Opfer, wie die auf der Schale, waren in den kyprischen Heiligthümern bildlich aufgestellt. S. 34—36.

Die Sitte Opfer im Abbild den Göttern zu weihen war die besondere Erscheinungsform einer allgemeineren. S. 36.

IV. ALTE CULTUSBRÄUCHE. WEIHUNG DES EIGNEN BILDES. S. 37.

Der flache Anthropomorphismus der ältesten religiösen Anschauungen. Opfer als Mahlzeit. Musik und Tanz bei den Opfern, wie bei den Mahlzeiten. Wettstreite nach der Mahlzeit, beim Todtencultus; auch Zusatz der Opfer; Ursprung der ἱεροὶ ἀγῶνες. S. 37—39.

Aufzüge und Paradereitereien im Todtencultus. Die πομπή vor dem Opfer. S. 39—40.

Wie die Opfer so wurden den Göttern und Todten auch ihre πομπαί und Paradereitereien im Abbild dargebracht. Reiter aus Gräbern und Opferasche; Bilder von Athleten. S. 40—41.

Die Sitte im allgemeinen Todten und Göttern ihre γέρατα im Abbild zu schenken. S. 41.

Geweihte Personen; ihr priesterlicher Charakter; der Priester als eine den Göttern hingegebene Person. S. 41—43.

Bilder von priesterlichen Personen ebenfalls ein γέρας im Abbild. Priesterbilder auf Cypern; Bilder von geweihten Knaben; Bilder von Priesterinnen. Bilder von nicht-priesterlichen Personen; Ehrenstatuen. Vergleichung mit den Athletenbildern. Porträtbildnerei. S. 43—48.

Die Meinungen Renans und Chanots. War diese Sitte fremden Ursprungs? S. 48—49.

V. DIE KYPROGENEIA. SCHLUSSBEMERKUNGEN. S. 50.

Einleitende Bemerkungen. Der Mythos der Aphrodite-Geburt bei Hesiodos. Die indische Schaumgeborene nach Kuhn. Das enge Zusammengehen der Aphrodite in dem Hesiodischen Mythos mit gut indogermanischen Wesen, Giganten, melische Nymphen, Erinnyen. S. 50—51.

Die Giganten als Schreckenswesen; die Erinnyen schwarze Wolkenwesen. Die schreckenerregenden Wolkenwesen konnten auch Unterweltsgottheiten sein. Gegensatz mit den Lichtgöttern auch in ethischer Beziehung. S. 31—32.

Ares gehörte zu diesem Kreis; Parallele mit den Erinnyen. Die mythologische Natur des Ares. S. 52—56.

Ares Stammgott Thebens; dort in Sagen und Culten mit melischen Nymphen und Erinnyen, besonders aber mit der Aphrodite verbunden. S. 56. Die Aphrodite mithin als die schwarze, als eine Schreckensgöttin sehr erklärlich; Aphrodite-Erinnys. Ihr völlig indogermanischer Charakter als solche. S. 56—57. Wie ward sie Kypris? Identificirung mit der asiatischen Zeugungsgöttin. Auf welche Veranlassung? Die doppelte Natur mehrerer mythischen Wesen. Ausbildung der Aphrodite als eine Liebesgöttin. S. 57—59. Die kyprische Aphrodite gelangt im ganzen griechischen Culturgebiet zur Herrschaft, obgleich die älteren Vorstellungen nicht völlig verschwanden. Die Neugestaltung der Aphrodite auf Cypern geht auf sehr alte Zeiten zurück. S. 59—60.

Schlussbemerkungen. Die kyprische und die griechische Cultur. S. 60—61.

I.

Die antiken Heiligthümer bei Athienu und Dali.

Füglich stelle ich an dem Eingange meiner Untersuchungen einige Bemerkungen über zwei der vorzüglichsten Fundgruben kyprischer Alterthümer, die antiken Heiligthümer, welche vom General Cesnola bei Athienu und von Hamilton Lang bei Dali ausgegrabenen wurden, oder, wie man wohl sagt, die berühmten Aphrodite-Tempel von Golgoi und Idalion.

Es liegen in Betreff der Cesnolaschen Ausgrabungen bei Athienu die Mittheilungen dreier Augenzeugen vor, des Generals Cesnola selbst, besonders im IV^{en} und V^{en} Kapittel seines Cyprus, des Franzosen Colonna Cecaldi in seinem Monuments S. 35 f., und des so besonnenen Engländers Hamilton Lang in einem Briefe an Cecaldi, abgedruckt in dessen Buche S. 51. Es lässt sich demnach folgendes mit voller Gewissheit feststellen.

Unweit von Athienu und Gorgus (wie man meint, dem antiken Γολγοί), an zwei durch eine kleine Anhöhe auf einer Weite von 200 met. (Cecaldi), oder 200 yards (Cesnola) von einander getrennten Stellen, wurden von Cesnola zwei förmliche Ansammlungen von Statuen ausgegraben, bei deren einer, der westlichen, keine Bauüberreste constatirt worden sind, während die andre sich fand innerhalb einer gewissen viereckigen Umzäunung, welche sich von Süd nach Nord über eine Länge von ungefähr 18 met. gegen die Hälfte als Breite erstreckte. Es bestand dieselbe aus einem sehr niedrigen, nur gegen drei Fuss hohen Mauerwerk, nicht unwahrscheinlich nur die Überreste eines ursprünglich höheren. Sie hatte zwei Eingänge, einen in der Ost-, den anderen in der Nordmauer, bei welchem letzteren Cecaldi die Überreste einer Säule und anderer Baustücke fand, welche vielleicht einem prostylartigen Vorbaue zugehört haben mögen, wie sich ein solcher auch findet an dem Terracotta-Modelle eines Gebäudes aus Cypern im Louvre [1]). In der Mitte fand Cesnola eine tiefe Aschenschicht, die Furtwängler ganz richtig, wie die des bald zu besprechenden Heiligthums zu Dali, mit den Brandopferstellen zu Olympia zusammenstellt; in allen diesen fanden sich rohe Reiterfigürchen als Opfervotive. [2])

Ein Dach kann ein solcher verhältnissmässig kleiner Raum schon wegen dieser Brandopferstelle nicht gehabt haben und sehr richtig bezeichnet ihn Neubauer [3]) als ein kleines τέμενος. So lässt sich derselbe ganz gut vergleichen mit dem Pelopion und Hippodameion zu Olympia. Ersteres nannte Pausanias (V, 13, 1) förmlich ein τέμενος (ἔστι δὲ ἐντὸς τῆς Ἄλτεως καὶ Πέλοπι ἀποτετμημένον τέμενος); es war λίθων τε θριγκῷ περιεχόμενον, und es waren innerhalb desselben ἀνδριάντες ἀνακείμενοι; auch δένδρα πεφυκότα, welche ebenso in dem Athienuschen gestanden haben können. Auch das Pelopion hatte seine Brandopferstelle [4]); bekanntlich sind Heroen- und sogar Todtencultus von dem Göttercultus grundsätzlich nicht verschieden. Vom Hippodameion heisst es bei dem Periegeten (VI, 20, 4): ἔστι δὲ ἐντὸς τῆς Ἄλτεως κατὰ τὴν πομπικὴν ἔσοδον Ἱπποδάμειον καλούμενον ὅσον πλέθρου χωρίον περιεχόμενον θριγκῷ. Dass nun das kleine τέμενος oder περίβολος bei Athienu der berühmte Aphrodite-Tempel zu Golgoi sein sollte, ist (wie schon Neubauer l. c. bemerkt hat) wohl ganz unglaublich, dagegen aber mögen wir nicht ausser Acht lassen, dass sich in der Mitte desselben ein sorgfältig bearbeiteter conischer Stein befand, — er lag, am oberen Ende zerstört, am Boden, — den Cecaldi als das bekannte Aphrodite-Idol deutete; eine Auffassung, die sich von vorn herein nicht ganz abweisen lässt (Cesn. Stern. S. 129; Cecaldi S. 43 mit Abbildung).

Das von Lang bei Dali ausgegrabene Heiligthum lehnte sich nach Cecaldis Angabe (l. c. S. 29) an eine kleine Anhöhe (tertre). Lang grub ein Terrain aus von 130 Fuss im Quad. (Lang l. c. S. 32); die ursprüngli-

---

1) Henzey Figur. de terre cuite du Musée du Louvre Pl. IX, 6.
2) Bronzefunde aus Olympia S. 30.
3) Der angebliche Aphrodite-Tempel zu Golgoi. S. 674.
4) Curtius die Altäre von Olympia S. 26.

chen Templanlagen aber reichten noch weiter (Lang S. 42). Auch Lang fand (S. 34), gleichwie Cesnola bei Athienu, sehr niedriges Mauerwerk zu einer Höhe von ungefähr zwei Fuss; auch hier war wohl das weitere weggebrochen. Überdies fand auch Lang sehr zahlreiche Statuen und zwei jener Brandopferstellen (S. 37 u. 39), während sich fünf gesonderte Locale unterscheiden liessen. In einem derselben sah er ein »strangely shaped conical stone" (S. 40), was uns sogleich an das Aphrodite-Idol Cecaldis erinnert, und eine desto zuverlässigere Angabe scheint, je wenigen Lang selbst offenbar an eine solche Erklärung gedacht hat; in einem andren ward die bekannte bilingue phönikisch-kyprische Weihinschrift gefunden an Reseph Mical oder Apollo Amyklaios [1]; auch mehrere phönikische an Reseph-Mical [2] und eine griechische an Apollo Amyklaios (Lang S. 37 u 33). Es steht daher die Verehrung dieses Gottes an dieser Stelle ausser Zweifel, wie denn auch in einer der phönikischen Inschriften von »dem Gotte Reseph Mical in Idalion" gesprochen wird (n° 90). Noch abgesehn aber von jenem conischen Steine, beweisen doch die vielen hier aufgefundene Statuen, welche nur der Aphrodite geweiht gewesen sein können (worüber später), dass auch diese Göttin hier verehrt wurde; und wirklich scheint Lang eben das berühmte Aphrodite-Heiligthum von Idalion wieder gefunden zu haben, wie denn auch über die Identität von Dali und Idalion schwerlich ein Zweifel obwalten kann. Es scheint aber die idalische Hauptgöttin, die *Κύπρου δέσποινα* des Pindars (Fragm. Bergk 122 v. 14), die *άνασσα* der Inschriften [3], in ihrem heiligen Haine, — es spricht auch Catull von einem »Idalium frondosum" (64, 96), — auch andren Göttern Gastfreiheit verliehen zu haben, wie der olympische Zeus aus seinem *τέμενος* (Pind. X, (XI), 76) zu Olympia sehr viele Altäre, und nebst anderartigen Gebäuden auch Tempel und Heiligthümer andrer Götter und Heroen aufgenommen hatte, und ähnliches, wie schon Curtius bemerkt hat [4], auch an andren Oerter Griechenlands uns begegnet.

---

1) Schmidt Samml. kypr. Inschr. Taf. I, oder Deecke Samml. kypr. Inschr. n° 59.
2) Renan Corp. Inscr. Sem. Tom. I, Fasc. I n° 89, 91, 92 u. 94.
3) Schmidt T. VIII n°. 3 *α, β* u. *γ*, dieselbe Deecke n°. 39 und 38; Schmidt T. VIII n° 6, dieselbe Deecke n° 33; Deecke n° 40.
4) Die Altäre von Olympia S, 9: »Ganz Olympia war Jahrhunderte lang ein Heiligthum ohne Tempel, ein grosser Altarplatz, ähnliche gottesdienstlichen Plätzen vergleichbar, die uns auf klassischem Boden bekannt sind; so die Terrasse bei Argos, der ausgedehnte Bezirk (λευρὸν καὶ βέβηλον ἄλσος) mit zahlreichen Cultusstätten, die auch um Zeus gruppirt waren,

Ausser Apollo Amyklaios genoss dieser Gastfreundschaft der Aphrodite wahrscheinlich auch die idalische Athena, bei welcher Gottheit die in ganz dichter Nähe gefundene Bronzeplatte von Idalion nach ihrem eigenen Wortlaute bestimmt war aufbewahrt zu werden [1]). Auch gibt es noch eine Weihinschrift an derselben und kommt sie sowohl wie die Aphrodite vor auf den idalischen Münzen [2]). Was nun abermals jenes kleine τέμενος bei Athienu angeht, auch dies stand ursprünglich schwerlich ganz allein da. Auch dies muss innerhalb eines grösseren gelegen haben — von diesem, wie bei Pausanias der Ausdruck hinsichtlich des Pelopion lautet, ἀποτετμημένον, — und aus diesem grösseren τέμενος müssen auch wohl die Statuen jener westlicheren Fundstätte stammen. An dem grossen Abstand zwischen beiden (200 met.) braucht man keinen Anstand zu nehmen, zumal der περίβολος bei Paphos (Cesn. St. S. 181) 690 Fuss (210 met.) mass gegen 533 Fuss. (161 met.) und es auch sehr möglich ist, dass die Statuen des westlichen Fundortes ein wenig ausser den alten περίβολος hinweg geschafft worden waren. Nur von einer absichtlichen Zerstörung doch dieses Heiligthumes, wohl durch die Christen, wie Lang richtig auch von dem idalischen annahm, scheint hier die Rede sein zu können; und wie nun Lang z. B. zu Idalion in zwei steinernen Gefässen [3]) zahllose abgebrochene Köpfe zusammengepresst fand (Lang S. 35), so waren auch hier, — was die von Lang in jenem Briefe an Cecaldi bezeugte Abwesenheit irgend einer Inschrift zu beweisen scheint, — von ihren Basen abgerissene Statuen zusammengehäuft, — mithin nicht an ihrem ursprunglichen Standorte, — und danach mit Erde überschüttet.

---

ein Sammelort der Umwohner (λάων χώρος), eine κοινοβωμία mit ihren ἕδραι πολύθεοι, ein πάγος ἀγωνίων θεῶν, wo das Epitheton mit der Agonistik nichts zu thun hat, die auch in Olympia erst das später hinzukommende war. Denn ἀγών bezeichnet nach epischen Sprachgebrauch eine συναγωγή θεῶν. Eine solche κοινοβωμία habe ich in der Terrasse des Zeus Hypsistos in Athen nachzuweisen gesucht; eine solche war auch die Altis von Olympia vor der Stadt der Pisäer, wie die der Argiven ausserhalb Argos."

1) Schmidt T, 1 Deecke n° 60 am Ende.
2) Six du Classem. des Séries Cypr. in der Revue Num. von 1883 S. 318 f.
3) Es waren diese wahrscheinlich heilige Wasserbecken, περιρραντήρια, wie das zu Amathus (Mus. Nap. Taf. XXXIII) und die an der beiden Eingängen eben des kleinen τέμενος zu Athienu (Cesn. St. S. 149. Taf. XXXI, 3). Sieh darüber Perrot und Chipiez Hist. de l'Art. III S. 279. Treffend citirt hierbei Neubauer (l. c. 87) die Worte des Lucians περὶ θυσ. c. 13: καὶ τὸ μὲν πρόγραμμά φησι μὴ παριέναι ἐς τὸ εἴσω τῶν περιρρατηρίων ὅστις μὴ καθαρός ἐστι τὰς χεῖρας. Ich erinnre noch an das Homerische χερνίπτεσθαι beim Opfer II. I 449.

War nun dieses grössere τέμενος bei Athienu und Gorgus das berühmte Aphrodite-Heiligthum zu Golgoi? Die Sache hängt hauptsächlich an der Deutung vom modernen Gorgus als Golgoi, welche mit nichten unwahrscheinlich, aber doch bis jetzt jeden positiven Grund entbehrt. Nun wird die Verehrung der Aphrodite an dieser Stelle durch Statuen wie der Priester mit der Taube (Cesn. St. Taf. XXII, uns. Fig. Taf. V, 18) ganz sicher gestellt. Einigermassen kann vielleicht noch in Betracht kommen, dass wie Golgoi und Idalion von Theokritos ganz in einem Zuge genannt werden (*Δέσποιν᾿ ἃ Γολγώς τε καὶ Ἰδάλιον ἐφίλασας* XV, 100), so auch Gorgus und Athienu in sehr dichter Nähe vom Dali, dem alten Idalion, gelegen sind.

Eine zweite Frage, welche sich aufdrängt, betrifft wiederum das kleine Athienusche τέμενος. War dies eins der Aphrodite, wie man nach dem conischen Aphrodite-Idol Cecaldis zu schliessen geneigt sein möchte, etwa ein besonderes innerhalb des allgemeineren, wie der Zeus-Tempel innerhalb der ebenfalls dem Zeus zugehörigen Altis, — oder hat Neubauer Recht als er aus den Inschriften auf ein Apollo-Heiligthum schloss (l. c. S. 692), welches doch, wenn das grosse τέμενος der Aphrodite gehörte, darin ebenso an seiner Stelle wäre, wie das des Apollo Amyklaios innerhalb des idalischen Heiligthumes? Es lässt darüber sich nichts entscheiden, obgleich mir Neubauers Meinung immerhin die wahrscheinlichere scheint. Schwerlich doch haben die zahllosen Statuen und sonstige ἀναθήματα, welche Cesnola aus diesem kleinen Raum hervorzog, alle auch ursprünglich darin gestanden. Cesnola dachte (Cesn. St. S. 131) an eine Verwüstung dieses Heiligthumes durch ein Erdbeben. Wohl mit Unrecht. Wie an dem westlichen Fundorte das Absichtliche der Zerstörung ziemlich deutlich zu Tage tritt, so scheint auch hier die neun Fuss dicke Erdlage (Cesn. St. S. 125), welche eine solche Masse abgebrochener Statuen und Köpfe und andrer Sachen überdeckte, ganz auf dasselbe hin zu weisen, wie auch eine solche Zerstörung, wohl, wie wir bemerkten, durch die Christen, selbstverständlich über das ganze grosse τέμενος sich enstreckt haben muss. Vieles mag dabei ganz von der Stätte hinweggeschafft worden sein und es wurden vielleicht an unseren zwei Fundstätten doch nur die Überreste des ursprünglichen Bestandes an Weihgeschenken zusammengescharrt. In das kleine τέμενος kann nun sehr leicht ausser dem vielen was darin ursprünglich stand, manches auch von andren Orten zusammengetragen sein. So auch das Idol; dies zerschlug man noch am oberen Ende. Zuletzt ward das Ganze mit jener dicken Erdlage überzogen.

Es verehrten die Griechen ihre Götter seit alten Zeiten in ἄλση, welche als vom profanen Gebiete abgesonderte Räume auch τεμένη genannt wurden. Von dem ἄλσος oder τέμενος einer etwaigen Hauptgottheit konnten nun, wie wir sahen, mehrere kleine ἄλση (hatte doch nach Pausanias auch das Pelopion Bäume) oder τεμένη »abgeschnitten" werden, und dies begegnet uns sowohl auf Cypern, wie in den später echt hellenischen Culturgebieten. Von einander aber ganz verschieden waren die Tempelbauten, die nachher in den kyprischen ἄλση (z. B. zu Paphos), wie in dem olympischen (Dorische Tempel) sich erhoben; die ältere Anlage aber, die der τεμένη innerhalb eines τέμενος, erhielt sich noch hier in dem Pelopion und Hippodameion, dort in dem τέμενος von Athienu. Doch müssen vielleicht als die älteste Culturstätte nicht die ἄλση, sondern die heiligen Hügel gelten, ursprüngliche Opferstellen, natürliche Altäre, welche auch nachdem sogar die Erinnerung an eine solche Bestimmung verschwunden war, doch mit tiefer religiöser Scheu betrachtet wurden. Einen solchen nun hatte z. B. auch Aphrodite auf Cypern, bei der ἄκρα (ἀκτή?) *Πηδάλιον*, ἧς (nach Strabo IV 682 fin.) ὑπέρκειται λόφος τραχὺς ὑψηλὸς τραπεζοειδής, ἱερὸς Ἀφροδίτης. Ein solcher war weiter auch das Kronion und es stand das ἄλσος an seinen Füssen mit demselben in einer gewissen religiösen Beziehung[1]) Vielleicht können wir dasselbe auch von dem athienuschen und dalischen ἄλση annehmen, welche wie bemerkt ward, ebenso an Hügel sich anlehnten.

---

1) Curtius die Altäre von Olympia, S. 25 u. 29.

II.
Kyprische Kunsterscheinungen.

Dass bei den kunstgeschichtlichen Erörterungen, welche die in den letzten Jahrzehnten in grosser Masse zu Tage geförderten kyprischen Alterthümer veranlassten, anfänglich sehr viele willkürliche und unrichtige Behauptungen aufgestellt wurden, braucht wohl kaum erwähnt zu werden und ist an sich sehr erklärlich. Ich habe denn auch die Absicht nicht, allen abweichenden Meinungen andrer einzeln entgegen zu treten. Nur hoffe ich auf Grund eigner Beobachtungen etwas beitragen zu können die Sache in 's richtige Geleise zu bringen. Viel Treffliches bieten unzweifelhaft auch hinsichtlich der kyprischen Kunst Heuzey in seinem Catalogue des Figurines antiques de terre cuite du Musée de Louvre und Perrot und Chipiez, meistens in Anschluss an Heuzey, im dritten Bande ihrer Histoire de l'Art. Doch war dies nicht derart, dass es mich veranlasst hätte, meine in manchen Hinsichten abweichenden Meinungen zurückzuhalten.

Bei allen diesen Untersuchungen sind wir in Folge der Ermangelung genauer Fundangaben und weil durch das bis jetzt vorhandene inschriftliche Material in dieser Hinsicht nichts Erhebliches geleistet wird, fast ausschliesslich auf die Stücke selbst angewiesen. Man soll denn auch nur von diesen ausgehen, und wie erwünscht auch eine Erklärung der an ihnen constatirten Erscheinungen aus der Landesgeschichte sein möge, sich doch durchaus nicht dazu verleiten lassen (wie dies bisjetzt mehrmals der Fall war) die Sache etwa umzukehren und etwaigen a priori aus der Landesgeschichte deducirten kunstgeschichtlichen Epochen die unterschiedenen Stücke nach ihrer wahren oder vermeinten verschiedenen Beschaffenheit anzupassen; etwaige ägyptisirende z. B. einer Epoche ägyptischer, etwaige assyrisirende einer Epoche assyrischer Ueberherrschung. Man hat auch bei solchen Untersuchungen sich des scheinbar kleinlichen nicht zu scheuen, zumal sich Eigenthümlichkeiten des Stiles manchmal am schlagendsten in Kleinigkeiten kund thun. Bekanntlich ist an zahlreichen Orten der Insel eine ungeheure Masse sehr alterthümlicher Thonwaaren zu Tage getreten, die uns eine alte Kunstindustrie vergegenwärtigen, welche unzweifelhaft viele Jahrhunderte hindurch bestanden haben muss [1]). Zu welch hohem Alter nicht nur ihre wohl ältere Gattung der gravirten Gefässe (es finden sich bekanntlich auf Hissarlik fast nur solche) sondern sogar die der bemalten aufreicht, ergiebt sich nach Furtwänglers richtiger Bemerkung, dem ich auch in andren Hinsichten folge [2]), wohl zunächst daraus, dass ein solches kyprisches Gefäss, zugleich mit mehreren der ältesten sogenannten mykenischen, in den in uralten uns unbekannten Zeiten durch eine vulcanische Eruption verschütteten Niederlassungen auf Santorino gefunden ward. Im allgemeinen schliesst diese kyprische Vasenfabrication, die der bemalten Gefässe, obgleich mit eigenthümlichem Decorationssysteme (concentrische Kreise) sich der über ein sehr weites Gebiet, in Griechenland und auf den Inseln, verbreiteten sogenannten mykenischen an und eben so wenig wie von dieser lässt sich von ihr der phönikische Ursprung nachweisen. Das auf Cypern gefundene unzweifelhaft spätere Exemplar mit eingebrannter phönikischen Inschrift (Cesn. St. Taf. V, 2), das diesem sehr ähnliche Gefäss von Jerusalem und einige an andern Orten von Palestina zu Tage getretene Fragmente [3]), beweisen doch schwerlich mehr als dass sich zu irgend einer Zeit (möglicher Weise geschah dies in sehr ausgedehnter Masse und auch wohl auf der Insel selbst) Phöniker an dieser Industrie betheiligt haben, wie diese z. B. auch das sogenannte ägyptische Por-

---

1) Begreiflicher Weise sind alle importirte Waare, welche auf Cypern ausgegraben wurden, von der Untersuchung auszuscheiden, wie das Dipulongefäss von Curium (Cesn. St. Taf. LXVIII), die sogar durch Inschriften als solche verbürgte alt-attische Hydria (Taf. XCI, 5), das wahrscheinlich rhodische Gefäss (Taf. XCI, 3, vergleiche Salzmann Necropole de Camiros Taf. XLVI), eine Kylix (Cesn. St. Taf. XCI, 4).
2) Die Bronzefünde S. 8.
3) Hist. de l'Art S. 669.

cellan nachahmten. Später in dem 8en und 7en Jahrhunderte sind bekanntlich in die mykenische Vasenmalerei durch phönikische Übermittlung ägyptische und assyrische Decorationsformen eingedrungen (melischrhodische Vasen), vor denen sich zuletzt das Mykenische völlig zurückzog, die doch aber selbst stets mehr mit feinem Stilgefühle im hellenischen Geiste verarbeitet wurden. So begegnen sie uns in der späteren korinthischen, chalkidischen, kyrenaischen Vasenmalerei (die ich deshalb noch nicht als die directen Abkömmlinge jener melisch-rhodischen betrachte). Ebenso hat auch Cypern neben jener nur geometrisch verzierten Vasenklasse, im Ganzen unzweifelhaft die älteste, in nicht unbedeutender Anzahl, auch seine mehr orientalisch decorirten Gefässe (z.B. Cesn. St. Taf. IV, 1, dies wohl eins der ältesten, Taf. LXXXV, 12, Taf. LXXXVI, 1, Histoire de l'Art S. 700, 709). Von solchen gewissenhaften stilistischen Bestrebungen aber, wie in der übrigen griechischen Vasenkunst, kann überhaupt in der kyprischen die Rede nicht sein; man beachte z. B. die völlig stillose Weise, worauf man hier oder dort auch grössere Vorstellungen auf dem Bauche des Gefässes so zu sagen hinwarf (z. B. Hist. de l'Art. S. 716; wie auch kleinere Ornamente z. B. Hist. de l'Art S. 701). Auch kamen eben auf Cypern jene orientalischen Decorationsformen wohl am wenigsten zu voller Herrschaft; im wesentlichen scheint die kyprische Vasenmalerei niemals über jene alte Decorationsweise hinausgekommen zu sein; wie sich auch z. B. das kyprische Alphabeth vor dem phönikischen nicht zurückgezogen hat. Besonders in den Dipulongefässen erhielt sich bekanntlich auch neben jenen die orientalischen Motive verarbeitenden griechischen Vasenkunst die alte geometrische Decorationsmanier noch sehr lange. Mit diesen Dipulongefässen stimmen nun die späteren kyprischen in so weit überein, dass auch sie, der Technik und der ganzen Behandlung nach, grosse Fortschritte zeigen, hinsichtlich der Decorationsweise aber sich ganz an das Altherkömmliche halten. Es sind solche besonders gewisse grosse Dioten, deren das Britische Museum mehrere hat, (sich auch Cesnola Salaminia S. 254) und welche bald mehr, bald weniger an die zahlreichen Dioten eben des Dipulonstiles erinnern. An mehreren solcher Dioten nun zeigen sich auch jene orientalischen Decorationselemente, aber inmitten eines übrigens ganz alterthümlich kyprischen Ornamentschmuckes (Cesn. Salam. S. 253; Cesn. St. XXXVII, 2, Hist. de l'Art S. 699, 711). So viel scheint nach allem dem gewiss, dass die kyprische

Vasenkunst schon Jahrhunderte alt gewesen sein muss, als sie jene ägyptisch-assyrischen Decorationsformen zuliess.

Dieser Vasenfabrikation schliesst die der Terracotten sich aufs engste an. Gravirungen sind auch bei diesen nicht selten; äusserst zahlreich aber sind die bemalten Figürchen, mit ähnlichen geometrischen Verzierungen wie jener bemalten Gefässe, aufgetragen mit Farben, welche auch bei diesen Verwendung fanden. Nicht unwahrscheinlich hat diese alte kyprische Kunstübung gewisse äussere Anregungen vom semitischen Orient her empfangen; so ward sie vielleicht durch den Anblick fremder Idole zur Anfertigung ähnlicher nach eigener Art veranlasst [1]; möglich auch wurden mehrere dieser letzteren von aussen her importirt; von einer Beeinflüssung aber durch etwaige höhere Stilarten lässt sich im allgemeinen bei derselben nicht reden. Sie war in stilistischer Beziehung derart, wie eine solche bei einem jeden Volke leicht spontan auftreten kann. Ganz so, wie wir dies auch anderswo bei derartigen primitiven Kunsterzeugnissen constatiren können, sah man auch hier in der Nase den am meisten bezeichnenden Theil des Antlitzes, so dass sie denn auch vielmals sehr gross angebracht ward (z. B. Heuzey, Figur. ant. de terre cuite du Mus. du Louvre pl. IX, 1), ja man darüber bisweilen den Mund vergass (was an Schliemanns sogenannte Eulenköpfe erinnert). Die Augen wurden weiter mehrmals durch plastische Erhöhungen angedeutet, welche etwa als ovale oder runde Plättchen von aussen angefügt und bisweilen noch ein wenig weiter ausgearbeitet wurden; auch dies beschränkte sich wohl nicht auf Cypern allein. Bezeichnend ist es auch, dass sowohl unter den rohesten alterthümlichsten kyprischen Terracotten (Hist. de l'Art. III, S. 600), als unter den bemalten (Cesnol. Salam. S. 243; dieser mit Speer, Rundschild und Helm) der Kentaur vorkommt [2]. Ausser an jenem Kentaur kommen Rundschilde mehrmals vor, ebenso die spitszulaufende Haube, über welche später (Archaeologia vol. V Pl. 10. 3, Cesn. St. Taf. XXXIX. 2, 4).

---

1) So ein kyprisch bearbeitetes kuhköpfiges Astarte-Idol Cesn. St. Taf. I, 7.

2) Ich brauche doch wohl nicht daran zu erinnern, dass es seit Kuhns berühmtem Aufsatz über »Gandharven und Kentauren" (Zeitschrift für Vergleich. Sprachforschung I s. 513 f.) ausser Zweifei steht, dass dieser Typus nach indogermanischen Vorstellungen sich gestaltet hat. Eine Beeinflüssung dabei durch ein chaldäisches Flügelpferd mit doppeltem Schwanz (der eine scorpionartig) ist wohl ganz unerweislich (Hist. de l'Art S. 604.)

Aber neben diesen Erzeugnissen alten volksthümlichen Kunstfleisses begegnet uns auf dem Boden Cyperns auch eine unermeszliche Fülle grösserer Bildwerke, welche die Merkzeichen assyrischer und ägyptischer Einflüsse sehr deutlich herausstellen. Zahlreich kommen vor ägyptische Kopfbedeckungen, — wie die königliche Krone Pschent, (nicht eigentlich Doppelkrone Cesn. St. XXI 2) und die sogenannte Klaft (Cesn. St. Taf. XXIX 1, 2, XXX 2; unsre Fig. Taf. IV 15), — weiter ägyptisirende Schürze, z. B. Cesn. St. Taf. XXX 2, darunter sehr häufig die königliche Shenti, unter deren Embleme man aber nicht anstand die nicht ägyptische Gorgo einzuschieben (Ces. St. Taf. XXXI 1). Weiter rührt auch wohl das etwas Hochschulterige einiger (z. B. Cesn. Taf. XXIX 1, 2, Doell III 5, 71) und das vorgesetzte linke Bein sehr vieler kyprischen Statuen von ägyptischen Vorbildern her; wahrscheinlich nicht, wie wir bald sehen werden, die nahe an den Körper angeschlossenen oder gegen die Brust gehaltenen Aerme. Ob wirklich an der Gesichtsbildung sich je etwas Ägyptisches zeigt, bezweifle ich [1]). Das Assyrische bezieht sich eben, und sogar fast ausschliesslich auf Haare und Gesicht, spielt dabei aber eine sehr überwiegende Rolle. Ganz assyrisch sind erstens die äusserst zahlreichen Bärte von symmetrischen Löckchen, nur dass jene staffelartig gesonderten, durch vertikale Streifen (ungekräuselte Haare) verbundenen Löckchenreihen der assyrischen Vorbilden nur in einigen wenigen jener Streifen (oder besser Ansätze davon) nachklingen, welche bisweilen als ungekräuselte Ausläufer unten an den kyprischen Kräuselbärten angebraucht wurden (z. B. Lang. Taf. I, uns Fig. Taf. VI, 19; Cesn. St. Taf. XXVI 2 od. Cecaldi Taf. IV 3, uns. Fig. Taf. V, 17 [2]); assyrische Köpfe aus Layard Monum. of Niveveh II, 52, I, 12 sie uns. Fig. Taf. I, 1 u. 2.) Genau wie meistens an den assyrischen Bärten wenden sich an den kyprischen die symmetrischen Löckchen der vertikalen rechten Hälfte nach rechts, der vertikalen linken nach links. In dieselben Löckchen, besonders in zwei Reihen, oder wohl drei, eine über die andre gestellt und auch die linke Hälfte nach links, die rechte nach rechts gewendet, endet das Haar

---

1) Dass das etwas in die Länge Gezogene der Augen, wie es an einigen kyprischen Köpfen vorkommt (z. B Lang Taf. IV, 5), oder das Bartlose vieler als bestimmt ägyptisirende Züge gelten dürfen, scheint mir unannehmlich (Henz. Cat. S. 180).

2) Es haben diese, wenigstens der Langsche, Schnurbärte, welche durchaus nicht so ausgeschlossen, wie Henzey meint (Cat. S. 129); sieh noch den abgebildeten in der Hist. de l'Art. S. 547 uns. Fig. IV, 13, und mehreren bei Doell Taf. VIII u. IX.

obenhalb der Stirn. Dies war wohl eine speciell kyprische Anwendung dieser Löckchen, zumal dieselbe (s o w e i t i c h w e i s s) an den Assyrischen Monumenten nicht vorkommt und wahrscheinlich auch dem ursprünglichen Charakter diesen Löckchen widerspricht. Irre ich nicht, so galten dieselben an den assyrischen Bildern als die umkräuselten (frisirten) En den vertikal niederhängender Bart- oder Kopf-Haare und machte es dem kyprischen Künstler wirklich Mühe sie an der neuen Stelle oberhalb der Stirne passend anzubringen; so finden sie sich sehr ungeschickt vertikal herabhängend noch an mehreren Stücken z. B. Hist. de l'Art S. 537, Lang Taf. II, 4, (uns. Fig. Taf. IV, 14). Auch mit der Vertheilung über die zwei Gesichtshälften war man nicht sogleich fertig (sieh die beiden citirten Beispiele; das Erste hat alle Löckchen nach derselben Seite; bei der zweiten sind die Hälften ungleich). Assyrisch sind wohl weiter die plastisch erhöhten Augenbrauen, nur mehr naturalistisch, nicht wie an den assyrischen Bildern oberhalb der Nase zusammengezogen; ebenso die Andeutung der Augenlider der durch erhöhte Ränder (sieh unsre Terracotta-Statuetten), die etwas hervorquellenden Augensterne, die stark hervortretenden Jochbeine. Es zeigt sich dies alles auch an vielen Exemplaren des britischen Museums. Auch scheint die Nase bisweilen etwas assyrisch gebogen (Cesn. St. Taf. XXII, besser bei Cecaldi Taf. II u. III, uns. Fig. Taf. V, 18.; Cesn. St. XXI 2 od. Cec. Taf. IV. 1). Mit allen dem waren doch solche Köpfe durchaus nicht eigentliche Kopien; das nicht-assyrische Element, welches am allgemeinsten hinzu genommen ward, und das als eins der stehendsten Merkmale der kyprischen Kunst gelten darf, war das Hinaufziehen der Mundwinkel (Lachen), was bekanntlich mehrmals auch an archaisch griechischen Arbeiten vorkommt. Schwerlich liegt auch irgend ein Grund vor von einer assyrisirenden gegenüber einer ägyptisirenden Kunstweise zu reden. Es treten ägyptische und assyrische Elemente an denselben Statuen auf. Die assyrischenzeigen sich, wie gesagt, fast ausnahmelos am Kopfe. Nun gibt es aber sehr wenige in bedeutendem Masse ägyptisirenden Statuen, an denen der Kopf erhalten. Cesnola hat deren fünf. Von diesen hat eine die Shenti, Pschent und Krause, aber doch assyrisirende Gesichtsbildung, Bart und Haare, (Cesn. St. Taf. XXI, 2), eine andre Shenti und Krause, aber auch eine wie er scheint, assyrisirenden Haarzopf und assyrisirende Gesichtsbildung, wenigstens an den Jochbeinen (Cesn. St. Taf. XXXI 1. Hist. de l'Art S. 533), ebenso eine dritte mit Krause (Cesn. St. Taf. XXVII,

2, Doell Taf. II 8 (38)); über die Gesichtsbildung der vierten und fünften mit Klaft und Schürze lässt sich nach den vorhandenen Abbildungen (die eine bei Cesn. Sf. Taf. XXIX, 2, Doell Taf. III, 10 (62), Hist. de l'Art. S. 527; die andre bei Doel Taf. II, 6 (49)) nicht bestimmt urtheilen. Möchte man vielleicht auch die bei Cesn. St. Taf. XXIX, 1 und Doell Taf. III 8 (61) wegen ihre Klaft und das etwas Hochschulterige als eine ägyptisirende betrachten wollen, so hat doch dieselbe unzweifelhaft assyrisirende Gesichtsbildung und Haarlöckchen. Zwei Statuen mit der Klaft (Doell T. II 4 (44), 5 (52), und die zahlreichen Köpfe mit derselben haben im übrigen wohl nichts Ägyptisches. Leicht können den Torsen mit ägyptischen Schürzen assyrisirende Kopfen angehört haben. Eine Statuette in der Hist. de l'Art S. 594 hat die Klaft, eine Schürz, aber doch, was sehr selten, eine assyrisirende (freilich sehr rohe) Andeutung der Musculatur. Überhaupt macht auch die kyprische Kunst nicht den Eindruck einer so gewissenhaften zunftmässigen Pflegung eines etwaigen Stils, wie die echt hellenische. Jener assyrisirende Kopftypus war wohl ihre festeste Errungenschaft. Auch dieser schloss aber mehrere andre Versuche nicht aus.

Nun lässt sich aber neben allem Assyrischen und Ägyptischen auch eine von diesen ganz unabhängige Kunsttradition sehr deutlich nachweisen. Dieselbe zeigt sich, abgesehen von jenen Terracotten, auch an einer Reihe primitiver Arbeiten in dem einheimischen Kalksteine, welche jener höheren Stilelemente ganz entbehren. Die rohesten derart sind wohl gewisse längliche Kalksteinplättchen, welche die Form des bekleideten menschlichen Körpers nur summarisch erhalten haben ohne Beachtung der auffallendsten Proportionen (z. B. 50 cent. Körperlänge, mit Einschluss der Haube, gegen 10 cent. Schulterbreite). Die in dem Kalkstein ausgegrabenen Füsse sind meistens neben einander gestellt; die gleichfalls nur summarisch angedeuteten Arme schliessen sich enge an den Körper oder gegen die Brust an. Es scheint eine andre Stellung derselben auf dieser Stufe der Technik fast unmöglich, sodass wenn dieselbe auch bei weiter fortgeschrittener Behandlung sich erhalten hat,dies schwerlich als ein Zug des Ägyptisirens gelten darf. (Sieh oben S. 11) Das Kleid ist absichtlich angedeutet, obgleich nur an den Enden, besonders an den Aermeln; unten ist es mehrmals etwas ausgeschweift. Der Kopf hat die plastisch erhöhten Augen jener Terracotta-Technik. Das Britische Museum hat derartige ziemlich viele; zwei bei Lang Taf. III 4. u. 6 (uns. Fig. Taf. II, 6, 7); die Augen aber sind nicht gut wieder gegeben; solche wahrscheinlich auch die bei Doell n° 9—20. Plastisch etwas besser ausgearbeitet sind z. B. die abgebildeten bei Cecaldi Taf. XVII, 2 (zwei von diesen uns. Fig. Taf. II, 9, 10), mit besserer Andeutung der Körperformen (besonders der Frauenbrüste), von denen sich aber das Kleid noch nicht löst; sie haben die plastisch erhöhten Augen, eine einfache nicht assyrisirende Haarbehandlung, vielleicht schon das Hinaufziehen der Mundwinkel. Sogar unter jenen Kalksteinplättchen giebt es besser bearbeitete, so den Flötenspieler Hist. de l'Art S. 588 und die bei Doell n° 60, 7, Taf. I, 4 (uns. Fig. Taf. II, 8). Auch das britische Museum hat sehr viele solcher etwas besser bearbeiteten Stücke, welche nicht oder nur sehr spärlich jene fremden Einflüsse zeigen; z. B. die bei Lang Taf. IV, 1 (mit Klaft), 3, 6; einige malen das vorgesetzte linke Bein. Weiter gehörten zweifellos zu jener nicht assyrischen oder ägyptischen Kunsttradition die auch an sehr alterthümlichen Stücken vorkommenden, wie von aussen angefügten, glatt gelassenen (ein späteres Beispiel in Kalkstein Lang Taf. II, 6, uns. Fig, Taf. I, 3) oder meistens vertikal durchstreiften Bärte, welche man wahrscheinlich ebenfalls der Terracotta-Technik verdankte; (auch dies waren ursprünglich wohl Zusätze zu dem schon fertigen Gesichte). Ähnliche Bärte können denn auch an Terracotten vor, begreiflicher Weise an den grösseren, mithin nicht den ältesten, (an mehreren im britischen Museum, der durchstreifte auch an einer bei Cesn. St. Taf. XI, uns. Fig. Taf. I, 4)[1]. Es wurden wohl durch solche Streifen die niederfallenden Haare angedeutet; sie werden auf verschiedene Weise angebracht, nicht immer durchlaufend von oben nach unten, bisweilen sogar sehr spärlich auf dem übrigens glatt gelassenen Bart. An den assyrischen Reliefs wurden mehrmals die Stellen für Haar und Bart durch verticale und horizontale Furchen in kleine Vierecken vertheilt, in jedem von welchen ein symmetrisches Löckchen hätte eingegraben werden müssen, wenn man das Ganze völlig hätte ausarbeiten wollen. (Reliefs mit zum Theil ausgearbeiteten, zum Theil glattgelassenen Vierecken z. B. bei Lay. Mon. of Nin. II, Pl. 3, 8). Dies ist aber von jener kyprischen Technik grundverschie-

---

[1] Auch an den phönikischen Terracotten Figur. de terre cuit. du Louvre Taf. V (dieselbe Mus. Nap. XIII 3 u. XX 2 u 3), welche aber mit nichten eigentlich primitiver Art sind. Ein ebenfalls nicht eigentlich primitive phönikische Terracotte mit kyprischen plastischen Augen Fig. de ter. cuit. XII 3. Hierüber gilt wohl ähnliches als über jene von Phönikern nach kyprischer Art verfertigten Gefässe.

den. Wohl kommt neben allen anderen auch eine dieser assyrischen sehr ähnliche Haarbehandlung vereinzelt an kyprischen Stücken im britischen Museum vor; ebenso an einer archaischen Statue von Branchidae bei Miletos im britischen Museum. Ganz wie an jenen Terracotten zeigt sich schon an mehreren der meist primitiven Kalksteinplättchen die spitz zulaufende Haube als Kopfbedeckung und dieser war nun zweifelsohne die sogenannte *κίταρις*, nach Herod. VII, 90 ¹) die mehr allgemeine Kopfbedeckung der Kyprier. Beim Schol. des Aristoph. Nub 10 lesen wir: *Κρέων δὲ ἐν τῷ πρώτῳ τῶν Κυπριακῶν κορδύλην φησὶ καλεῖσθαι τὸ πρὸς κεφαλῇ προσείλημα, ὃ δὴ παρὰ 'Αθηναίοις καλεῖται κρώβυλον, παρὰ δὲ Πέρσαις κιδάριον*: Hier ist der *κρώβυλος* ein gesondertes *προσείλημα*; der bekannte bei Thucyd. (1.6) war einer *τῶν ἐν τῇ κεφαλῇ τριχῶν*. Nach Suidas ist ein *κρωβύλος* ein *πλέγμα τριχῶν ἐς ὀξὺ λῆγον*. Spitz zulaufend muss auch wohl das gesonderte *προσείλημα* gewesen sein, der *κρώβυλος*, *κορδύλη*, *κιδάριον* (*κίταρις*); und ein solches kommt auch an den späteren kyprischen Monumenten am häufigsten vor ²). Der Name *κίταρις* scheint von einer semitischen Radix zu stammen ³) und war wohl mit der Sache selbst schon in den frühesten Zeiten aus dem Semitischen Orient (das *Περσικαῖς* des Kleon hat man wohl nicht zu genau zu nehmen) hinüber gekommen, wie ähnliche spitze Hauben z. B. auch von den assyrischen Monumenten uns bekannt sind. Von diesen, meint man, gingen sie in die kyprische Kunst über. Wie aber sollte diese, was die meist gewöhnliche kyprische Tracht war, von fremden Kunstwerken entlehnt haben? Auch ist die Übereinstimmung nur eine sehr allgemeine. *Κορδύλη* war wahrscheinlich ein griechischer Spottname nach der geschwulstähnlichen Form dieser Haube (man sehe dieselbe auf den Monumenten z. B. auf uns. Taf. III). Bemerkenswerth ist es weiter, dass schon jene alterthümlichen Plättchen und so auch noch andre besser bearbeiteten Statuetten im Britischen Museum den rechten Arm mehrmals andeuten als im Oberkleide (*χλαῖνα*, *ἱμάτιον*)

---

1) τὰς μὲν κεφαλὰς εἱλίχατο μίτρῃσι οἱ βασιλέες αὐτῶν, οἱ δὲ ἄλλοι εἶχον κιτάρις, τὰ δὲ ἄλλα κατά περ ''Ελληνες. Richtig haben schon die alten Pavius und Larcherus aus Pollux X, 171 κιτάρις eingestellt für die ältere Lesart κιθῶνας, welche sogar den Gegensatz mit μίτρῃσι aufhebt, was die älteren Erklärer darüber auch gesagt haben mögen. Auch die letzten Worte Herodots sind für die oben stehenden Erörterungen über das kyprische Kleid nicht ohne Werth. Die μίτρα trägt der Kopf bei Lang II, 4, uns. Fig. Taf. III, 14.
2) Nach Cesnola (S. 148) kommt eine derartige Kopfbedeckung noch heute auf Cypern vor.
3) Benfey Griech. Wurzellex. II p. 162.

verwickelt. Auch zeigen mehrere noch sehr primitive Bilder des Britischen Museum die ebenfalls später so bekannte Tracht des rechten Armes ausser der χλαῖνα. Man hatte diese so, dass der ganze linke Arm dabei verwickelt ward (wie z. B. auch an den viel späteren mit unendlich weiter fortgeschrittenen Kleidbehandlung bei Lang Taf. I, uns. Fig. Taf. VI, 19); oder das eine Ende der Chlaina war mit zusammengefaltetzudenkendem Zipfel (es wurden doch an solchen Bildern die Faltungen nicht oder nur spärlich angedeutet) nach hinten über die linke Schulter geschlagen. Es musste das andre Ende dabei über den linken Arm von hinten her nach vorn zurückkehren; dieses aber ward nicht dargestellt, wie diese primitive Kunst so manches unberücksichtigt liess. Die Kleidung aber, womit diese Versuche gemacht wurden, war ganz diejenige, — χιτών (mit grösseren oder kleineren Ärmeln, wie noch an den milesischen Statuen) und kleineren oder grösseren χλαῖνα oder ἱμάτιον, — welche als die allgemein protogriechische angesehn werden muss [1]).

Nun treten aber neben allem diesen, man könnte sagen eigenthümlich kyprischen, auch jene assyrischen und ägyptischen Elemente in nächster Verbindung auf. Es wurde dies aber von denselben niemals völlig zurückgedrängt, ja in manchem verlieh es sogar bleibend der kyprischen Kunst ihre eigenthumliche Physionomie. Wurden doch selbst jene plastisch erhöhten Augen niemals völlig aufgegeben. Sie finden sich an vielen Stücken des britischen Museums von übrigens sogar sehr fortgeschrittener Behandlung (auch an dem Bilde bei Cesn. St. Taf. XXXV 1; besser bei Cecaldi Taf. XIII und in The Antiquit. of Cypr. von C. T. Newton Taf. XXVI). Auch wurden solche Augenplättchen etwas mehr ausgearbeitet, etwa so (wie z. B. an dem Terracotta-Kopf in der Hist. de l'art S. 536) dass sie zum Theil ausgeschnitten wurden und nur die Ränder und die Mitte für die Augensterne stehen blieben. Weiter sind grosse Nasen, wie an jenen Terracotten, und glatt gelassene oder durchstreifte Bärte nicht selten (z. B Doell Taf. VIII 2 (238), S (241), 10 (243), Lang Taf. II, 5. u. 6; uns. Fig. Taf. I, 3, 5.). Auch gab es einen Übergang von solchen vertical-durchstreiften Bärten zu den Assyrischen Kräuselbärten, soweit Assyrische Löckchen am Ende der Streifen angebracht wurden (z. B. Cesn. St. XXI 1, Hist de l'Art S. 513, uns. Fig. Taf. III, 12). Chiton,

---

[1]) Helbig Homer. Epos S. 115 folg.

Chlaina und Kitaris blieben das gewöhnliche Kostüm. Die Plattheit jener primitiven Versuche in Kalkstein war jederzeit eins der allgemeinsten Merkmale kyprischer Bilder [1]). Lehrreich für die Weise, wie das Assyrische sich dem Kyprischen zugesellte, sind besonders das schon citirte Bild aus der Hist. de l'Art. S. 519 (uns. Fig. Taf. III, 12, eine genauere Zeichnung desselben Bildes als Cesn. St. Taf. XXVII, 2) und das bei Cesn. St. Taf. XXVI, (besser bei Cecaldi IV, 2 und Hist. de l'Art. S. 513, uns. Fig. Taf. III, 13). Diese doch sind bis auf die assyrisirenden Elemente am Kopfe ganz solche Kalksteinplatten (auch ihre Dicke ist gegen die Höhe und Breite nur eine sehr geringe), wie jene primitivsten Steinarbeiten, nur in grösserer Form, besser proportionirt und von mehr detaillirter Bearbeitung; (sieh. uns. Fig. Taf. III, 12 neben Taf. II 6 u 8). Sie haben dieselben neben einander gestellten Füsse, denselben breit ausgezogenen, faltenlosen, fast nur an den Enden, besonders der Aermel, angedeuteten Chiton. Das erste derselben hat, wie mehrere jener Plättchen, und ebenso noch ziemlich unbeholfen angedeutet, den rechten Arm in der χλαῖνα; das zweite hat die zusammengefaltene χλαῖνα über die linke Schulter geschlagen; beide haben die κίταρις. Das erste hat den vertikal durchstreiften Bart, nur mit assyrischen Löckchen am untern Ende (worauf schon hingewiesen ward), das zweite ist an Haar und Bart völlig assyrisch; beide haben den schweren in dem Nacken herabfallenden Haarzopf der assyrischen Bilder. Ausser diesen verzeichnet Doell noch drei solcher grösseren Statuen mit verwickeltem rechten Arm (n°. 3—5). Ebenso giebt Cecaldi Taf. XVIII 17 (uns. Fig. Taf. II, 11) ein Frauenbild, das hinsichtlich der mehr ausgearbeiteten Körperformen, von denen sich das summarisch nur an der rechten Hand angegebene Kleid nicht ablöst, und hinsichtlich der Haltung der Arme, mit jenen kleineren Cecaldischen, — ungeachtet des grösseren Masstabes, wonach es bearbeitet ist, — fast völlig übereinstimmt (Taf. XVII, 2, uns. Fig. II 9, 10), dagegen aber die Haarlöckchen und die Augenbildung des assyrisirenden Kopftypus hat. Nun könnte man meinen, dass all das Nicht-assyrische zugleich mit dem Assyrischen zu einer Zeit in dem einheimischen kyprischen Kalksteine fürs erste zur Anwendung gebracht wurde. Das Wahrscheinlichere aber ist, dass wir hier eine neuere Kunstweise in einer älteren zum Durchbruch kommen sehen, und so liesse sich

---

1) Hist. de l'Art S. 513.

auch annehmen, dass unter gleicher Beeinflüssung von aussen her der kyprische Künstler zugleich den Schritt zu Arbeiten nach grösserem Masstabe gethan hätte. Damit ist freilich nicht gesagt, dass alle jene kleineren Bilder älter zu sein brauchen als die grösseren, weder, dass all das Nicht-assyrische und ägyptische an den kyprischen Bildern aus jenen alten Zeiten stamme. Besonders aber können jene rohen länglichen Kalksteinplättchen, welche doch förmliche, in den Heiligthümern aufgestellten Weihgeschenke waren, und in ziemlich grosser Zahl vorkommen, doch schwerlich aus einer Zeit stammen, als auf Cypern die plastische Kunst schon bedeutende Fortschritte gemacht hatte. Eben das Längliche dieser Plättchen zeigt zich noch an manchem besser bearbeiteten Stücke. Es war dies vielleicht eine ältere Kunstgewohnheit, die man nur mühsam gegen einen besseren Kanon der Körperverhältnisse aufgab.

Wie wenig sich nun in dieser Hinsicht eine völlige Gewissheit erreichen lässt, so ist es doch wahrscheinlich, dass es auf Cypern schon vor dem Auftreten jener assyrischen und ägyptischen Stilelemente eine sich schon in Kalkstein versuchende Kunstübung gab, obgleich dieselbe eine sehr primitive war, die sich im wesentlichen nicht über jene alte Terracotta-Kunst erhob. Jedenfalls aber war aber diese für jene Zeiten weitaus bedeutender, und es steht von ihr wohl ausser Zweifel, dass sie, wie jene alte Vasenkunst, womit wir sie in dem engsten Zusammenhang sehen, älter war als jede assyrisirende und ägyptisirende Kunstweise. Wohl mag sie sich vielleicht noch sehr lange sogar in ihrer rohen primitiven Einfachheit neben diesen erhalten haben, wie eine ältere Kunstweise bekanntlich einer neuen manchmal nur sehr spät weicht. Es begegnen uns aber die Erzeugnisse —, begreiflicher Weise die rohesten, — dieser primitiven Kunst, zusammen mit den alterthümlichsten Gefässen, schon in den ältesten kyprischen Gräbern, wie die von Alambra (Cesn. St. S. 82); und es weist die sehr bedeutende Anzahl, in der solche an zahlreichen Orten der Insel zu Tage getreten, auf eine sehr rege Kunstthätigkeit hin. Nun lassen sich aber unter derartigen Stücken nicht nur auch solche aufweisen, an welchen sich der Einfluss jener höheren Stilarten schon einigermassen zeigen lässt [1]), sondern es tritt uns sogar eine

---

1) Es sind solche, wie es scheint, die von Heuzey beschriebenen Catal. S. 145: »La rudesse du travail n'empêche pas les traditions d'un art plus savant de se faire jour ça et là. La mode, tantôt assyrienne, tantôt égyptienne, apparait surtout dans les coiffures, dans

ganze assyrisirende und ägyptisirende höhere Terracottakunst entgegen, welche der Steinplastik bald ebenbürtige Erzeugnisse zur Seite stellte [1]). Ganz anders als in der Vasenkunst, wo die assyrischen und ägyptischen Decorationsformen den alten Formenvorrath wohl fast niemals verdrängten, verdankte man hier den fremden Einflüssen eine höchst bedeutende Erhebung der alten primitiven Kunstindustrie.

Ein Specimen nun dieser höheren Terracotta-Kunst, aber noch ein ziemlich anfängliches, bietet unsre weibliche Figur. Sie misst, so weit sie erhalten, d. i. ungefähr zur Hälfte, über 30 cent. Das Haar, an welchem Lang Farbenspuren wahrnahm, ist sorgfältig bearbeitet wahrscheinlich nach assyrischen Mustern, wie ziemlich ähnliche lange gedrehte Locken an assyrischen Monumenten (an Haare und Bart) manchmal vorkommen (z. B. Layard, Mon. of Nin. II, 25, 32); darunter her fallen umfangreiche Schmuckgegenstände (Ohrgehänge?) herab. Die plastisch erhobenen Augenbranen, die erhöhten Ränder als Augenlider, die ein wenig hervorquellenden Augen, sowohl wie die etwas aufgezogenen Mundwinkel zeigen jenen neuen Typus; im allgemeinen aber ist der Kopf noch von ziemlich roher Bildung, besonders in Betreff der grossen, plumpen Nase; einen sehr rohen Naturalismus zeigt auch die linke eine Leier festhaltende Hand, auf unserer Photographie nicht sehr deutlich gerathen; die Leier ist zum Theil abgebrochen; das Kleid ist am oberen Ende, am Halse, angegeben (nicht sehr deutlich); das doppelte Halszierath ist von erhöhter Arbeit. — Einen weiteren Fortschritt zeigt unsre männliche Figur. Sie ist gegen 64 cent. hoch; im Kopf ist ein Loch, wahrscheinlich zum Herauslassen des Dampfes beim Brennen. Sie ist, was an kyprischen Bildern selten vorkommt, auch an der hinteren Seite ausgearbeitet. Der Kopf war abgebrochen, gehört aber zweifellos hierher, obgleich dies wegen der unmässigen Grösse desselben im Verhältnisse zum Körper fraglich scheinen möchte. Das Haar ist durch strahlenweise vom Scheitel auslaufende Furchen angedeutet. Ueber der Stirn hat er in Terracotta nachgeahmte symmetrische Löckchen, im Nacken fällt ein Haarzopf herab, welcher, obgleich von kleinerer Dimension, an den assyrischen erinnert. Er trägt einen

l'arrangement de la barbe, dans la chevelure, frisée en petites boucles ou divisée en deux masses tombantes, et marque bien la double influence qui de loin commande à la main de l'humble potier cypriote".

[1]) Sogar von natürlicher Grösse Heuzey S. 160 f.; wo auch über die Technik der grösseren Bilder; darüber noch S. 146.

Kranz. Vom Antlitz gilt das Nämliche als bei der weiblichen Figur; die Jochbeine aber sind deutlicher markirt. Bei der Bildung des kurzen Chitons und der Beine (das linke ist etwas vorgesetzt) hat der kyprische Künstler grosse Fortschritte gemacht auf seinem eigenen naturalistischen Wege. Die vorgestrekte Linke mit abgebrochenen Fingern hält zwei kleine Gefässe. An den Rändern des Chitons zeigen sich Spuren des an kyprischen Bildern gewöhnlichen Rothes.

Es ist nun aber die kyprische Kunst bei diesen Anfängen nicht stehen geblieben. Erstens hat sich die Gesichtsbildung wirklich gebessert; ja es erreichte sogar manchmal jener kyprische Koptypus eine gewisse eigenthümliche Schönheit. Weiter sind die Fortschritte, welche man in der Behandlung des Kleides machte, sehr beachtungswerth. Es erhielt sich das Enganliegende desselben, das nicht völlig vom Körper Gelöste (wie es z. B. auch an unserer Knabenfigur vorkommt), dem man wohl zu viel Ehre erweiset, wenn man es etwa ein Durchschimmern des Körpers nemen wollte, und das schwerlich für einen feinen Zug ägyptisirenden Stiles gelten darf [1]). Es waren die oben besprochenen flachen Bilder, die grösseren sowohl wie die kleineren, ihrer ersten Anlage nach nur aus verhältnissmässig dünnen Kalksteinplatten ausgeschnittene Umrissfiguren und eben diese Darstellungsweise in der Fläche veranlasste wohl jene in die Breite ausgeschlagenen Chitonen. Später aber fügte sich die kyprische Kunst, obgleich sie, wie schon bemerkt, jener alterthümlichen Plattheit niemals völlig los ward, doch bedeutend mehr den natürlichen Bedingungen der Rundplastik. Man versuchte sogar sehr bestimmt, das Rundplastische zum Ausdruck zu bringen, indem man nach ägyptischer Weise das linke Bein vorsetzte (nur ausnahmsweise das rechte); und diesen σκέλη διαβεβηκότα (nach dem Ausdruck Diodors in Betreff ägyptisirender Bilder, 1, 98 in fin.) fügte sich nun auch der Chiton, indem er sich demselben sogar sehr eng anschmiegte. Beispiele geben alle sogleich zu besprechende kyprische Statuen. Nicht ohne Glück wurden weiter auch die Versuche mit der Chlaina (Himation) fortgesetzt. An solchen ist auch das britische Museum sehr reich. Erstens gibt es mehrere mit jener Anordnung der Chlaina, wobei der ganze linke Arm verwickelt ward. Stets sorgfältiger werden die Falten angedeutet; der Chiton wird durch verschiedene Behan-

---
1) Hist. de l'Art. S. 526 u. 28.

dlung von der Chlaina unterschieden, (eins der meist fortgeschrittenen Exemplare Lang Taf. I, uns. Fig. Taf. VI, 19). Ebenso machte man bedeutende Fortschritte bei der Abbildung der Chlaina, wie sie mit einem zusammengefalteten Zipfel über die linke Schulter geworfen wird. Wurde diese auch wie bemerkt ward, anfänglich glatt gelassen, bald wurden nicht nur von jenem Zipfel ausgehende Faltungen angedeutet (z. B. an dem bei Cesn. St. XXIX. 1, uns. Fig. Taf. IV, 15 und dem bei Doell Taf. III, 7 (78)), sondern man schritt auch dazu, neben den über die linke Schulter nach hinten geworfenen Zipfel auch den anderen von hinten nach vorn zurückkehrenden abzubilden (Hist de l'Art S. 547, uns. Fig. Taf. IV, 6); oder es wurde sogar der linke Arm ganz oder theilweise in das zurückkehrende Ende der Chlaina verwickelt. Versuche der Art gibt es mehrere im britischen Museum, besonders zwei sehr interessante; diesen schliessen sich an, obgleich bei allen Verschiedenheiten obwalten, die bei Cesn. St. XXVI, 2 (auch Ces. IV. 3, uns. Fig. Taf. V, 17 und Gazett. Arch. 1878 Taf. XXXIV) und Gazett. Arch. 1878 Taf. XXXV. Beachtung verdient auch das sehr umfangreiche, sorgfältig ausgearbeitete aber doch nicht ganz klare Draperienspiel des Priesters mit der Taube (uns. Fig. V, 18). Eine über beide Schultern nach vorn geworfene Chlaina (wie z. B. eine Figur auf einer alten schwarzfigurigen Vase aus Argos, Archaeol. Zeit. 1859 Taf. CXXV) sieh Doell Taf. IV 3 (98).

Noch bemerke ich, — um das Bild, das ich von der mehr vollendeten kyprischen Kunst gab, zu vervollständigen, — dass ebenso wohl an den vollkommneren kyprischen Statuen die hintere Seite gewöhnlich unbearbeitet gelassen ward, wie an den alterthümlicheren [1]). Es giebt dies begreiflicher Weise dieser ganzen Kunst ein sehr ärmliches Aussehen und besonders hinsichtlich der Drapirung würde man nicht so lange sich solche Unvollständigkeiten, wie die Nicht-darstellung des zurückkehrenden Chlaina-Endes gefallen lassen haben, und zu solchen Unrichtigkeiten, wie bei den Statuen mit verwickeltem rechten Arm (uns. Fig. Taf. III, 12) nicht gekommen sein, wenn man sich die ganze Statue zu drapiren zur Aufgabe gestellt hätte. Auch an den vollkommneren Stücken macht sich dies noch fühlbar, wie z. B. jene schon betonte Unklarheit der Draperie des Priesters mit der Taube zeigt. Doch hat diese Kunst anderseits wirk-

---

1) Hist. de l'Art S. 513.

lich etwas Grossartiges in den gewaltigen Dimensionen mehrerer ihrer Erzeugnisse. Es misst der Priester mit der Taube ungefähr 3 Met., ein von Cesnola bei Athienu ausgegrabener Kopf 86 Cent. (Cesn. St. Taf. XXI, 1, Hist. de l'Art S. 522), was auf eine noch viel bedeutendere Höhe der ganzen, übrigens verloren gegangenen Statue schliessen lässt. Man hat gemeint, dass die kyprische Kunst etwa ein Ausläufer der archaisch-griechischen war [1]), und dies veranlasst mich ihre Stellung zu dieser so genau, wie mir die Monumente es zu erlauben scheinen, zu erörtern. Ich brauche wohl nicht zu sagen, dass man in solchen Sachen allen allgemeinen Eindrücken ganz zu misstrauen hat, und dass nur solche Uebereinstimmungen hier massgebend sein können, welche auf der Uebernahme bestimmter Kunstschemata und wirklicher Stileigenthümlichkeiten beruhen müssen. Ich habe oben die an kyprischen Statuen sehr gewöhnlichen vorgesetzten linken Beine als einen ägyptisirenden Zug hingestellt, obgleich sie auch an archaisch-griechischen Arbeiten vorkommen. Es lässt sich aber die Sache schwerlich anders denken, als dass auch die griechische Kunst solche der ägyptischen entlehnt hatte, wie sie auch im Alterthume den Eindruck des Ägyptisirens machten [2]). Man hat sich dagegen gesträubt, dass der alten Tradition, nach welcher der mythische Erzkünstler Daidalos etwa seine Kunst den Ägyptern verdankte und auch Telekles und Theodoros aus ägyptischer Schule hervorgegangen [3]), einiges Gewicht zuerkannt werden sollte, als meinte man, dass die griechische Kunst etwas von ihrer unbestrittenen Hoheit einbüssen sollte, wenn wir uns vorstellen, dass der alte griechische Künstler durch den Anblick der ägyptischen Wunderwerke angeregt worden sei und er von ihnen auch ettliche Kunstschemata oder äussere Attribute geborgt hätte [4]). Doch lässt sich dies nicht ganz verneinen, besonders seit die olympischen Ausgrabungen den Kopf der Hera von Olympia, eine Arbeit der mit der Schule der Daedaliden am engsten verwachsenen peloponnesischen Kunst-

---

1) Henzey Cat. S. 431 f.
2) Dies lässt sich doch aus den schon oben citirten Stelle des Diodors hinsichtlich des Apollobildes von Telekles und Theodoros schliessen (lib. I c. 98 fin.) εἶναι δ'αὐτὸ λέγουσι κατὰ τὸ πλεῖστον παρεμφερὲς τοῖς Αἰγυπτίοις, ὡς ἂν τὰς μὲν χεῖρας ἔχον παρατεταμμένας, τὰ δὲ σκέλη διαβεβηκότα.
3) Diod. I. 97 u. 98.
4) Doch ist damit mit nichten gesagt, dass der Grundcharakter der griechischen und ägyptischen Kunst nicht völlig verschieden seien.

schule, zu Tage gefördert haben, an welchem der bekannte gehörnte Kopfaufsatz (obgleich die Hörner zum grössen Theile abgebrochen) der Isis-Hathor unverkennbar scheint. Von mehr Bedeutung ist jenes Hinaufziehen der Mundwinkel (Lachen), das die kyprischen und archaisch-griechischen Kunst gleichfalls gemein haben. Es ist aber dieses weit mehr ein stehender Zug von jener als von dieser, so dass sich wirklich fragen lässt, weshalb denn die kyprische denselben der griechischen, nicht umgekehrt die griechische der kyprischen entlehnt haben soll? Einen so allgemeinen Grund, als dass die griechische in ihrer ganzen Entwicklung der andren weitaus überlegen war, wird wohl Keiner dafür anführen. Doch lässt sich die Sache nicht entscheiden. War jenes Hinaufziehen der Mundwinkel, wie man vielleicht Recht hat zu meinen, ein naives Mittel das Angesicht zu beleben, zu welchem jede primitive Kunst leicht greifen kann, so wäre ein spontanes von einander unabhängiges Auftreten desselben auf Cypern und im übrigen Griechenland nicht auszuschliessen. Auch lässt es sich, glaube ich, nicht ganz in Abrede stellen, dass es auch an sehr alten [1]) ägyptischen Bildern wahrnehmbar, obgleich es jedenfalls an denselben nur sehr wenig accentuirt auftritt. Weiter könnte man auch bei jenen Vervollkommungen der Kleidbehandlung geneigt sein an griechische Einflüsse zu denken. Doch lassen sich, soweit ich weiss, keine für die archaisch-griechische Kunst wirklich charakteristischen Faltungen aufweisen, welche etwa als die fertigen Schemata einer griechischen Kunstschule in die kyprische Kunst hineingetragen wären, wie solche z. B. in der persischen Kunst [2]), verbunden mit demjenigen, was diese der assyrischen entlehnte, auftreten: Wir sahen, wie sich die kyprische Kunst auch an der Darstellung des Kleides von den rohesten Anfängen entwickelte. Nicht, wie z. B. die ägyptische Shenti, ward jene protogriechische Kleidung als ein Fertiges zur künstlichen Ausstattung einer Statue angewendet, und schwerlich wird Einer an dem Anfange dieser fortschreitenden Versuche mit dem protogriechischen Kleide eine einigermassen schon festgesetzte Kunsttradition aufzustellen geneigt sein, von welcher dieselben in stilistischer Beziehung abhängig wären. Auch lässt vielleicht manches was

---

1) De Rougé von Bilder aus der 18en Dynastie (17en Jahrh. V. C.). Notice sommaire des Monuments Égyptiens exposés dans les Galeries du Musée du Louvre S. 32.

2) Besonders das vertikal in der Mitte in künstlichen, prismatischen Falten zusammengezogene Kleid, wie es z. B. auch an den aeginetischen und dresdener Athenen vorkommt.

in jenen kyprischen Draperien an griechische Arbeiten erinnern möchte, sich auf die Gleichheit der kyprischen und alt-griechischen Kleidertracht selber zurückführen. Dasjenige, womit hier, so weit ich weiss, die archaisch-griechische Kunst der kyprischen am nächsten tritt, ist die Drapirung mehrerer der milesischen Statuen [1]), wie auch an diesen das Himation mit zusammengefaltetem Ende über die linke Schulter geworfen war. Doch stellte gerade sich die vollendetere Darstellung dieser Tracht so deutlich heraus als eins der vorzüglichsten Ergebnisse jener auf sehr primitive Anfänge zurückgehenden Kunstentwicklung, dass die Abhängigheit der griechischen Kunst in dieser Hinsicht von der kyprischen wenigstens ebenso wahrscheinlich wäre als das umgekehrte. Hierbei bemerke ich noch, dass die milesischen Statuen ebenso wie die meisten kyprischen, — was sich bald zeigen wird, — Menschen darstellen und zwar, wie ebenfalls mehrere kyprischen, über Lebensgrösse. Dass sie aber Sitzbilder sind, weist nicht auf Cypern hin.

Auch constatirte Overbeck eine ähnliche Bildung des Auges an alten griechischen Köpfen ebenfalls aus Miletos (Branchidae) und aus Ephesos und einer bestimmten Reihe kyprischer Köpfe [2]); auf eine ähnliche Haarbehandlung bei kyprischen Köpfen und einem aus Miletos wurde schon hingewiesen (S. 15). Ein sehr bedeutender Zug weiter, worin ein Zusammenhang mir ganz unabweisbar scheint, ist die assyrisirende Haarbehandlung, wie sie auch an den aeginetischen Bildwerken und dem Apollo-Strangford vorkommt. Haben mehrere kyprischen Köpfe eine, zwei oder drei Reihen symmetrischer Haarlöckchen oberhalb der Stirne, eine über die andre, die Anordnung derselben an dem des Apollo Strangford ist in soweit eine Abbreviatur jener dreireihigen, dass sie nur zwei Reihen hat mit den Ansätzen einer dritten bei den Ohren; im übrigen aber herrscht (auch in den oben, S. 11, absichtlich beschriebenen Kleinigkeiten) völlige Identität. Nun stand aber nicht nur die kyprische Kunst der assyrischen viel näher als die archaisch-griechische, sondern wir sahen wie der kyprische Künstler solche Sachen gleichsam wie vor unsren Augen den assyrischen Vorbildern entlehnte, und es giebt sogar keine assyrisirende kyprische Kunst ohne solche Löckchen. So gebührt mit dieser Haarbehandlung den ky-

---

1) Newton Discov. at Halicarn. Cnid, et Branchid. Vol. I. Taf. 24 u. 25.
2) Plastik I, 96, 98.

priern fast unzweifelhaft die Priorität und dies würde sich zu voller Gewissheit erheben, wenn ich Recht darin habe (sieh S. 12), dass die Anwendung dieser assyrischen Löckchen oberhalb der Stirne eine speciell kyprische ist. Noch weise ich auf die drei Haarflechten des Priesters mit der Taube, dessen Kopf, Bart und Haare im übrigen, wie wir wissen, sehr assyrisirend, und der weiblichen Statue bei Cesn. St. Taf. XXXV, 1 (sieh darüber die Bemerkungen Doells n°. 28, welche ich weiter unten, S. 46, ausschreibe). Aehnliche hat der Apollo von Naxos; zwei solche Flechten auch mehrere alt-spartanischen Reliefs; ebenso auch zwei weibliche phönikische Statuetten griechisirenden Stiles (Mus. Nap. Taf. XXV, Heuz. Fig. de terre cuit. etc. Taf. XII, 4. 5); drei Flechten noch die phönikische Statuette von Amrit (Revue Arch. 1879 Taf. XI). Nicht unwahrscheinlich haben wir hier ein griechisches Kunstschema, das über Cypern nach Phönikien vordrang. Doch nicht in sehr alter Zeit, da der Priester mit der Taube auf der höchsten Stufe kyprischer Kunstübung steht. Mit Recht hat man vielleicht an dem Torso bei Cesn. St. Taf. XXXIII, 1 das Schema des knieenden Bogenschützen der aeginitischen Giebelgruppen erkannt. Weiter weise ich auf den Sarcophag von Golgoi (Cesn. St. Taf. XVIII), dessen Kunstcharakter mir aber, wie ich gern gestehe, nicht völlig klar ist.

So ist doch eine eigentliche Abhängigkeit der kyprischen Kunst von der archaisch-griechischen wohl gänzlich abzuweisen. Nur von später hinzugetretenen archaisch-griechischen Einflüssen scheint die Rede sein zu können und diese waren auf keinen Fall sehr bedeutend. Umgekehrt hat die kyprische sehr bestimmt auf die archaisch-griechische eingewirkt.

Wie verhält sich nun die kyprische Kunst zu der phönikischen? Ich muss vor der Hand davor warnen, dass bei dem bekannten Mangel einer gehörigen Zahl phönikischer Bildwerke aus vor-griechischer Zeit die Untersuchung hier auf nicht so festem Boden fortschreitet, wie erwünscht wäre. Wir kennen die Art der phönikischen Kunstbestrebungen besonders durch die geschnittene Steine und die Metallschalen und sonstigen Metallarbeiten, meistens aus kyprischen und italienischen Gräbern. Es waren die Darstellungen an denselben mit grosser Gewandtheit und Geschicklichkeit und manchmal gerade mit gewisser Feinheit der Behandlung aus assyrischen und ägyptischen Elementen zusammengesetzt; aber auf diese ging zo ziemlich die ganze Kunst zurück; wohl wurden sie nicht unbedeutend abgeändert, doch nicht eigentlich aus künstlerischen

Rücksichten. Was an Symbolen u. dergl. übernommen ward, ward meistens zu bedeutungslosem Ornament herabgesetzt; von einem bestimmten, absichtlichen Streben, demjenigen was sich in der eigenen Umgebung an Gewand- und Körpergestaltungen darbot, einen künstlerischen Ausdruck zu geben, lässt sich schwerlich reden, mögen hier oder dort auch wirklich in der Umgebung vorhandene Objecte abgebildet sein (wie z. B. auf der von Clermont Ganeau erläuterten Schale von Praeneste, sieh unter S. 32) und der phönikische Künstler manchmal auch, — was ihm leichter war, weil durch das Altherkömmliche nicht geistig gebunden, — seinen Darstellungen einen Fluss und Freiheit der Bewegungen zu verleihen gewusst haben, welche wir auf den echt-ägyptischen und assyrischen Vorstellungen vermissen [1]). Das Wenige, was wir an grossen Arbeiten kennen, z. B. die Stèle von Amrit (Hist. de l'Art 3. 413; man beachte dort die Bemerkungen Perrot's) lässt einen ähnlichen Charakter für die mehr monumentale Kunst voraussetzen. Wirklich könnte man fragen, ob es wohl je eine phönikische Kunst gegeben habe, welche wirklich über das Geschäftsmässige zu dem wahrhaft Künstlerischen sich erhob und in höherem Sinn einen eigenthümlichen Still sich ausgebildet hatte. Es gab eine phönikische Kunstübung, welche assyrisirte mit den Assyriern, ägyptisirte mit den Ägyptern, griechisirte mit den Griechen, sogar, wenigstens in der Kleinkunst, kyprisirte mit den Kypriern, möglicher Weise mit baldiger Ueberlegenheit in technischer Hinsicht (sieh ober S 8 und S, 14 Anm.). Es zeigt nun die kyprische Kunst wirklich theilweise jenen phönikischen Chatakter. Auch die kyprischen Könige trugen z. B. wohl ebenso wenig ein Shenti, wie die phönikischen. Alle ägyptische Schürze, Krausen, Shenti's und dergl. sind auch in der kyprischen Kunst ganz äusserlich übernommene Sachen. Ebenso finden wir bei den Kypriern dieselbe gleichgültige Verbindung des Ägyptischen und Assyrischen. Daneben aber begegnet uns ein bedeutender Naturalismus, ein ernsthaftes Streben das eigne nationale Kostüm zur Darstellung zu bringen. Auch war z. B. die Weise, worauf die Schürze angebracht waren, sehr bezeichnend. Bei den Ägyptern fanden sie sich (wenn auch manchmal unter einem grösseren Oberkleide) am nackten Körper, so auch an einem phönikischen Torso (Musée Nap. XVIII. 1), auf Cypern auch wohl als das untere Ende eines gewöhnlichen kurzen

---

1) Helbig Cenni sopra l'arte fenicia S. 204, annali dell' Instituto 1876.

Aermelchiton (Cesn. St. Taf. XXIX 2 besser Doell III 10 (62) und Hist. de l'Art S. 527). Weiter war jener assyrisirende Kopftypus (Haare und Bart miteingerechnet) mehr eine Umbildung des Assyrischen etwa unter dem Einfluss der eignen Gefühlsart, als eine gewöhnliche Nachahmung. Möge ein gewisses Zusammengehen der kyprischen und phönikischen Kunstübung auch ausser dem eigentlichen Kunsthandwerk sehr wahrscheinlich sein und vielleicht das nicht zum Durchbruchkommen des eigentlich Hellenischen an echt kyprischen Arbeiten einer gewissen Reaction des phönikischen auf den griechischen Geist zuzuschreiben sein, so hat dabei doch die kyprische Kunst im wesentlichen ihre Selbständigkeit nicht eingebüsst.

Was nun diese kyprische Kunst Ägyptisches sich angeeignet hat, ist meistens derart, dass es leicht über Phönikien hin, das bekanntlich mit dem Reiche der Pharaonen seit sehr alten Zeiten in Verbindung stand, ihr zugekommen sein kann. Es hätten doch solche Sachen wie Klaft, Schürze und dergl. leicht sogar an sehr entfernten Nachahmungen erkannt werden können. Doch lassen sich auch directe Beziehungen der Insel mit dem Nilthale nicht bezweifeln, besonders nach der Mitte des 7en Jahrhunderts, als Ägypten dem Weltverkehr geöffnet wurde. Es wird aber, wie wir sahen, der Charakter der kyprischen Kunst, so weit sie von ausländischen Einflüssen abhängig, an erster Stelle bestimmt durch das, was sie von der assyrischen hernahm. Nun lässt sich, glaube ich, kein Grund anführen, weshalb zwischen dem kyprischen Kopftypus, — welcher, wie wir sahen, in den Einzelheiten, besonders was die Bartbehandlung betrifft, nach dem Assyrischen sich bildete, — und diesem letzteren ein phönikisches Mittelglied gestanden haben sollte [1]) und überhaupt lässt sich nach dem Obengesagten fragen, ob es wirklich je eine phönikische Kunst gegeben habe, welche, der benachbarten kyprischen auf eine bestimmte Zeit weit überlegen, diese zu jenem gewaltigen Aufschwung vermocht

---

1) Histoire de l'Art S. 521. Perrot meint, dass wenn die Kyprier die so imposante assyrische Kunst selber gekannt hätten, ihre Nachahmung weiter gegangen wäre. Auf solche Gründe lässt sich nicht leicht etwas entscheiden. Auch abgesehen aber davon scheint mir die Voraussetzung Perrots nicht sehr wahrscheinlich. Es ward eine Kunst wie die assyrische so sehr getragen durch eine ganze eigenthümliche, auf uralter Kultur beruhende Geistesbeschaffenheit, dass für die von aussenher an sie Herantretenden wohl nur geistlose Nachahmung, oder bei aller Begeisterung, welche sie gewähren möchte, ein freies Walten, wie das der Kyprier, möglich war.

haben kann, wodurch sie aus dem Zustande uranfänglicher Gleichgültigheit, als man nur untergeordnete Terracotten und primitive Versuche in Kalkstein kannte, zu grossartigeren, sogar auf Kolossalbildnerei gerichteten Kunstbestrebungen sich aufwand. Sehr leicht lassen solche gewaltige Einwirkungen von der so imposanten assyrischen Kunst sich voraussetzen. Nun zeigen uns bekanntlich die Berliner Sargon-Stèle am Ende des 8en Jahrhunderts, eine Inschrift des Esarhaddon in den Anfängen des 7en die Kyprier in Verbindung mit Assyrien; es hatte sich damals die assyrische Macht zu dem Gestade des Mittelmeers vorgeschoben und auch Cypern in seine Herrschaft gezogen; in diese Zeit fallen sehr wahrscheinlich durch Beeinflüssung von Assyrien her die Anfänge jener höheren kyprischen Kunstübung. Ja sogar, wenn man darauf bestehen möchte, dass der kyprische Künstler die assyrischen Bildwerke niemals gesehen hat und das Assyrische nur durch phönikische Vermittlung kannte, so waren doch bei der stetigen Berührung, welche es zwischen beiden Völkern gab, jene Anfänge nicht auf eine beträchtlich spätere Zeit an zu setzen. Allem Anschein nach war die kyprische Kunst etwa ein Jahrhundert älter als die der kretischen Daidaliden, ein halbes als die der Schule von Chios [1]).

Mit fast voller Gewissheit lässt sich das Ende in der Zeit dieser kyprischen Kunstübung fixiren. Es hat sich dieselbe, wie mehrmals bemerkt ward, niemals als eine echt hellenische entwickelt. Ganz unvermittelt tritt ihr die hellenische Kunst freieren Stils entgegen und vor dieser hat sie sich unzweifelhaft stets mehr zurückgezogen. Dass dies nun im 4en Jahrhundert geschehen sein muss, kann nicht bezweifelt werden. Es hat auch das britische Museum mehrere kyprische Versuche in einheimischem Kalksteine nach freierem griechischen Stil, darunter sehr unbeholfene. Ein übrigens ganz in diesem Stile gearbeitetes Bild bei Cesn. St. Taf. XXV (besser Gazett. Arch 1878 Taf. XXXVI) hat doch noch assyrisirende Haarlöckchen. Eine gleiche Verbindung des Alten und Neuen zeigt sich auch wohl an Cesn. St. Taf. XXVI 1.

Fassen wir die gewonnenen Resultate kurz zusammen, so war die kyprische Kunst nicht etwa ein aus Assyrischem, Ägyptischem und Archarisch-griechischem Zusammengezetztes, sondern sie verarbeitete besonders das Assyrische nach eigner Art, hielt dabei auch an einer eignen Kunst-

---

[1]) Overbeck Plastik I. S. 66.

tradition fest und verlor das Object selbst, das sie nachzubilden hatte, den bekleideten Menschen, niemals aus dem Auge. Die archaisch-griechische Kunst war in keiner Weise ihre Mutter, nicht einmal, wie etwa die assyrische und ägyptische, ihre Hebamme; sie selbst war, so zu sagen, eine Art griechischen Archaismus, der nach ihrer Weise auch die Natur nachahmte; sie war gleichsam die ältere Schwester jener archaisch griechischen Kunst, erfreute zich aber nicht der selben εὐγένεια, wie diese. Nicht unwahrscheinlich ward sie in ihren späteren Zeiten von dieser einigermassen beeinflüsst, fast unzweifelhaft fand das Umgekehrte Statt, möglicher Weise in bedeutendem Umfange.

Es lässt sich vielleicht das Bild noch etwas weiter ausführen. Als die Kyprier schon seit einigen Geschlechtern ihre Heiligthümer mit bedeutenderen Bildwerken zu schmücken angefangen hatten, erhob sich auf Kreta die Kunst der Daidaliden. Diese aber war von Haus aus so ganz anders angelegt, dass sie schwerlich von ihrer Nachbarin auf irgend eine Weise angeregt war. Sondert sie zich doch schon durch das Material, worin sie arbeitete, Holz und Metall, von dieser ganz ab, wie auch noch an einigen auf sie zurückgehenden Steinarbeiten der Holzschnitzstil unverkennbar ist. Obgleich eine gewisse Beeinflüssung durch die ägyptische Kunst schwerlich zu läugnen, so war sie doch nicht unwahrscheinlich an erster Stelle die Vervollkommnung einer alten volksthümlichen Holzschnitzkunst. Besonders aber merken wir ihr ihren echt-hellenischen Geist an, wie sie denn auch erst in peloponnesischen Kreisen völlig aufblühte, wohl in engstem Anschluss an die hellenische Gymnastik; sehr bestimmt richtete sie sich auf das Nackte, während die kyprischen Statuen fast ohne Ausnahme bekleidet sind [1]). Eine andre Kunstströmung begegnet uns auf den Inseln und Küsten von Klein-Asien; diese tritt zuerst uns vor Augen in der jonischen Schule von Chios, welche bedeutend älter war als die der Daidaliden; in ihrem Gebiete fanden sich (aus der zweiten Hälfte des 6en Jahrhunderts) die milesischen Statuen und auch jene milesischen und ephesischen Köpfe. Haben wir vielleicht Recht diese etwa an ky-

---

[1]) Den Typus der nackten Jünglingsstatuen, wie die Londoner und die sogenannten Apollofiguren von Thera, Orchomenos und Tenea hat Furtwängler meines Erachtens richtig auf die Kunstschule der Daedaliden zurückgeführt (Arch. Zeit. 1882 S. 51 f.). Es zeigen den Holzschnittstil besonders der Apollo von Orchomenos und der Herakopf von Olympia. Bekanntlich galt auch der mythische Daidalos als Holzschnitzer.

prische Quellen anzuknüpfen? Es ist dies nicht unwahrscheinlich, wie wenig auch hier an eine völlige Abhängigheit der einen Kunst von der andren gedacht werden kann. Bei der jonischen Kunst doch trat ausser Zweifel die Behandlung des Kleides sehr in den Vordergrund [1]; wie die kyprische Kunst von Haus aus Steinplastik war, so hätte auch die jonische schwerlich ohne die parischen Marmorgruben bestehen können; wirklich schien auch manches an jenen milesischen und ephesischen Arbeiten auf Cypern hinzuweisen. Nicht unwahrscheinlich ist es nun auch, dass auf diesem Wege jene assyrisirende Haarbehandlung in den späteren Archaismus eingedrungen sei, wie doch jene jonische und kretische Kunstbewegungen wahrscheinlich sehr bald mit einander in Wechselwirkung traten.

---

1) Overbeck Plastik, I. S. 68.

III.

Die Bronzeschale von Idalion.

Ein zweifellos mehr kyprisches Exemplar der bekannten phönikisch-kyprischen Metallschalen ist die Bronzeschale von Idalion (Cesn. St. Taf. IX, Cecaldi Taf. VII, uns. Fig. Taf. VII 20). Schon zeigt die rohe Zeichnung nicht dieselbe technische Gewandtheit, wie viele echt phönikische Metallschalen; man beachte z. B. die grossen Nasen, welche an die von alten Statuetten, wie unsre kyprischen, und die von andren primitiven Zeichnungen, wie die der melischen Vasen erinnern. Besonders aber lenke ich die Aufwerksamkeit auf die Gewänder der Hälfte jener tanzenden und musicirenden Weiber (die der andren sind mir nicht ganz verständlich). Das weibliche proto-griechische Kostüm kannte ausser dem langen Chiton und der Chlaina (Himation) noch ein drittes unmittelbar über dem Chiton getragenes Oberkleid, das von vorn geschieden an beiden Steiten schräg nach hinten zurückfiel. Die melischen Gefässe geben gute Beispiele (in Seitenansicht) besonders die linke Figur auf Taf. III bei Conze (uns. Fig. Taf. VII. 21), woran der Chiton, die (über dem Kopf getragene) Chlaina und unser Gewand sich deutlich unterscheiden lassen. Nur dieses und den Chiton, — das Ganze von einem Gürtel zusammengehalten, — haben jene weiblichen Figürchen auf unsrer Schale. Ein solches hat auch die bei Cesn. St. Taf. XXXV, 1 (sich oben S. 16); ebenso, irre ich nicht, eine olympischen Bronze (Ausgrab. III, Taf. 24 b). Es sind dies wohl nicht die einzigen Beispiele. Ich stehe nicht an, in diesem Oberkleide den sogenannten πέπλος, das bekannte Prachtgewand, zu erkennen, wie denn auch die πέπλοι der aeginetischen und dresdener Athenen kleinere und viel reicher gefaltete, aber doch von vorn geschiedene Gewandstücke sind. Die Säulchen mit ihren Lotos-Kapitellen erinnern an ägyptisirende Vorbilder. Wie die bekannte, von Clermont Ganean in seiner »Imaginerie Phénicienne" trefflich erläuterte, Praenestiner Schale enthält die von Idalion ein unblutiges Opfer; ein ähnlicher phönikischer Krater (abgesehen von den Schlangenprotomen) und ein ählicher Untersatz befinden sich auf dieser Praenestiner Schale abgebildet, wie sie aus dem grossen Praenestiner Grabe gegenständlich zu Tage gekommen sind (Monum. d. Inst. X, 33, XI, 2, 7); die Schale von Idalion hat ganz andre, geometrisch verzierte Gefässe auf ganz andrem Untersatze. Musik und Tanz waren bei den Opfern nicht selten, ja wenigstens ohne Flötenmusik gab es wohl keine Opfer (Her. I, 132); man sehe auch Gerh. Aus. Vasenb. CLV. Bei Homer versöhnte man Apoll nach einem Opfer auch durch Gesang [1]). Ohne Tanz gab es nach Lucian keine einzige alte τελετή und auf Delos wurden von demselben auch die θυσίαι begleitet [2]); es traten dabei χοροί von Knaben auf ὑπ᾽ αὐλῷ καὶ κιθάρᾳ. Schwerlich aber kann sich dieser Brauch auf Delos allein beschränkt haben. Eine der Priesterinnen geht auf das Opferfeuer zu; in der Linken hält sie, wie es scheint, ein Simpulum mit einer Flüssigkeit, welche sie im Begriff ist über das Feuer auszugiessen, in der Rechten vielleicht ein Werkzeug, das Feuer anzufachen. Wie vielmals auf orientalischen Opferscenen (das nächstliegende Beispiel gibt die phönikische Schale aus Olympia, Furtw. Bronzef. S. 54, jetzt abgebildet in der Hist. de l'Art S. 783) wird die Gottheit selbst als gegenwärtig abgebildet. Sie trägt eine Blume und einen Apfel. Es waren bekanntlich Apfel und Blumen verschiedener Art die meist gewöhnlichen Attribute der Aphrodite sowohl wie der phönikischen Astarte. Die Aphrodite des Kanachos zu Sikyon trug Mohn und Apfel (Paus. II, 10, 4). Nicht weniger als der Mohn waren z. B. Rose, Lilie und Eruca ihr heilig [3]). Auch eine der

---

1) Il. I. 472   οἱ δὲ πανημέριοι μολπῇ θεὸν ἱλάσκοντο
καλὸν ἀείδοντες παιήονα κοῦροι Ἀχαιῶν,
μέλποντες Ἑκάεργον· ὁ δέ φρένα τέρπετ᾽ ἀκούων.

2) Περὶ ὀρχ. C. 15. Ἐῶ λέγειν, ὅτι τελετὴν οὐδὲ μίαν ἀρχαίαν ἔστιν εὑρεῖν ἄνευ ὀρχήσεως, Ὀρφέως δηλαδὴ καὶ Μουσαίου, τῶν τότε ἀρίστων ὀρχηστῶν, καταστησαμένων αὐτάς, ὥς τι κάλλιστον καὶ τοῦτο νομοθετητάντων σὺν ῥυθμῷ καὶ ὀρχήσει μυεῖσθαι.... c. 16 ἐν Δήλῳ δέ γε οὐδὲ αἱ θυσίαι ἄνευ ὀρχήσεως, ἀλλὰ σὺν ταύτῃ καὶ μετὰ μουσικῆς ἐγίγνοντο. Παίδων χοροὶ συνελθόντες ὑπ᾽ αὐλῷ καὶ κιθάρᾳ οἱ μὲν ἐχόρευον, ὑπωρχοῦντο δὲ οἱ ἄριστοι προκριθέντες ἐξ αὐτῶν.

3) Engel Kypros II S. 191.

Göttinnen auf jener Schale aus Olympia hält eine Blume; freilich eine anders angedeutete. Welche Blume hier angedeutet, lässt sich, glaube ich, nicht sagen; sogar auch nicht, ob der Künstler eine bestimmte Blumenart darzustellen beabsichtigt hat [1]). Doch kann die dargestellte Göttin, — und dies wird sich auch durch die folgende Untersuchung bestätigen, — schwerlich eine andre gewesen sein als die Aphrodite. Ein χόρος von tanzenden Priesterinnen oder Hierodulinnen beim Opfer ist unzweifelhaft einem Aphrodite-Cultus sehr angemessen, und das dargestellte Opfer ist ganz eines, — von Räucherwerke und Flüssigkeiten, — wie es nach Empedokles (bei Athen. XII, 310) der Aphrodite dargebracht zu werden pflegte.

Κύπρις βασίλεια
Τὴν ὅιγ᾽ εὐσεβέεσσι ἀγάλμασιν ἱλάσκονται
γραπτοῖς δὲ ζώοισι, μύροισί τε δαιδαλεόδμοις,
σμύρνης τ᾽ἀκρήτου θυσίαις, λιβάνου τε θυώδους,
ξανθῶν τε σπονδὰς μελίτων ῥίπτοντες ἐς οὐδας.

Dass man die σπονδαί auch sehr gewöhnlich auf das Opferfeuer warf, ist eine bekannte Sache.

Weiter weise ich auf die Gleichartigkeit der ganzen Ausstattung der Göttin selbst und ihrer Priesterinnen. Nur über die sehr unbeholfen abgebildete Gewandung der Göttin, wohl wie die einer Sitzenden, lässt sich nicht urtheilen. Ähnlich sind die nahe am Kopfe anschliessenden Mützen (nur die der Göttin hat keine Rosetten). Göttin wie Priesterinnen haben herabfallende (freilich sehr unbeholfen wiedergegebene) Haarsträhne, Armbänder und gewisse Ringe an den Füssen. Eine gleichartige Mütze hat, wie es scheint, ein Terracotta-Bildchen (Cesn. St. L, 3, uns. Fig. Taf.

---

1) Cecaldi (S. 59), die Göttin als eine Isis-Astarte deutende, hält die Blume für einen Lotos. Doch ist dieselbe als solche wenigstens nicht in der gewöhnlichen Weise angedeutet. Lotossen trugen ägyptische Damen in ihrer Hand und ein solcher Typus findet sich auch auf einer kyprischen Vase, Cesn. St. Taf. LXXXV, 1; die Isis mit Lotossen findet sich sogar auf phönikischen Schalen kyprischen Fundortes (Cesn. St. LI, LV, 1; Helbig Cenni etc. Ann. del Inst. 1876 S. 218). Diese Typen aber sind von dem unsren ganz verschieden. Aber auch wenn unser Künstler die Blume, wie die Säulchen, ägyptisirenden Vorbildern entlehnt hat, so hat er damit doch nicht die ägyptische Blume, so hat er schwerlich mehr als eine Blume überhaupt darzustellen beabsichtigt. Es nahm die phönikische Metallindustrie ihre Typen und grösseren Vorstellungen gewöhnlich sogar unverstanden von den ägyptischen Vorbildern her. Die Vorstellung auf unsrer Schale, die ein in sich geschlossenes Ganze bildet, ist als solches mit nichten eine ägyptische.

VII, 22), worin wir wegen seiner Nacktheit und der Stellung der rechten
Hand nur ein Aphrodite-Idol sehen können. Wir werden also geführt auf
eine sehr weit verbreitete religiöse Sitte, nach welcher die Priester oder
Priesterinnen einer Gottheit sich dieser in der äusseren Ausstattung oder
Weise des Auftretens, wie durch das Führen ihrer Attribute mehr oder
weniger näherten. Bekannte griechische Beispiele sind die von Schoemann
angeführten, Griech. Alterth. II S. 413: »so sah man zu Pellene die Priesterin der Athena, eine Jungfrau von stattlicher Gestalt, mit Waffen an-
gethan und einen Helm auf dem Haupte [1]); die Priesterin der Artemis
Laphria zu Patrai fuhr auf einem mit Hirschen bespannten Wagen [2]),
ohne Zweifel also auch im Costüm der Göttin, wie dies von der Arte-
mispriesterin zu Delphi ein freilich nicht unbedingtes Zutrauen verdienen-
der Zeuge angiebt [3]). Von dem Priester der Demeter zu Pheneos hören
wir, dass er bei der Mysterienfeier eine Maske der Göttin anlegte [4]),
und so lässt sich vermuthen, dass auch seine übrige Tracht wohl damit
in Übereinstimmung gewesen sein werde". Ich füge hinzu den Chryses
der Ilias, der στέμματ' ἔχων ἐν χερσὶν ἑκηβόλου Ἀπόλλωνος χρυ-
σέῳ ἀνὰ σκήπτρῳ (I, 14) in das Lager der Griechen kommt; er er-
schien so in seiner meist officiellen Ausstattung, etwa als der Stellver-
treter der Gottheit, wie denn auch Agamemnon zu ihm sagen konnte, dass
wenn er ihm wiederum in dem Lager begegnen sollte, das σκῆπτρον
und στέμμα θεοῖο ihm nicht nützen würden (v. 26).

Unsre weibliche Terracotta-Figur ist eine Leierspielerin, wie die auf der
idalischen Schale. Sie hält mit der Linken den Rahmen des Instruments, —
es ist dies grossentheils abgebrochen, — gegen die Schulter, und hat
auch die Rechte zu demselben erhoben; diese hielt wohl das Plectron.
Unzweifelhaft ist sie im Spiel begriffen, wie sie denn auch im britischen
Museum als eine »playing on the lyre" determinirt ist. Sie hat weiter
eine gleichartige (verzierte) Mütze, und herabfallende Locken wie die
auf der Schale; weiter noch, wie jenes Idol, eine doppelte Halsschnur,
welche an den Figürchen der Schale nicht angegeben. Ebenso gehören,
auch unter dem Haare herabfallende Schmucksachen (Ohrgehänge?), wie

---

1) Polyain. VIII, 59 p. 815 Maasv.
2) Paus. VII 18, 12.
3) Heliod. Aeth. III, 4. V. 5. VI. 14.
4) Paus. VIII. 15. 1.

die an unsrer Statuette, zum Toilettenreichtum (worüber der Homerische Hymn. IV. 162) der Göttin. Es finden sich z. B. solche, — blätterförmige (?), denn es gab hierin wohl eine grosse Verschiedenheit, — an einer Statuette (Cesn. St. XII, 10), welche unzweifelhaft als Idol angesehen werden muss, wie auch an einer grösseren, von welcher sich nicht entscheiden lässt, ob sie letzteres war oder eine Priesterin (Hist. de l'Art S. 662). Unsre Figur ist mithin eine leierspielende Aphrodite-Priesterin in einer der der Gottheit ähnlichen Ausstattung. Eine kleine kalksteinerne Tympanonschlägerin, wie auch auf unsrer Schale, mit ähnlicher Mütze (war diese eine weibliche $\varkappa i\tau\alpha\varrho\iota\varsigma$?) hat Cecaldi Taf. XVII, 1 ; eine sehr kleine von Terracotta Cesn. St. Taf. I, 6. Sogar unter den alterthümlichsten Kalksteinplättchen finden sich Flötenblasende mit niederer Kopfbedeckung z. B. Lang Taf. III, 4, uns. Fig. Taf. II, 7. Weiter wurden aus dem Tempel zu Pyla nach Cecaldi S. 21 viele »tanzende Priesterinnen" aus Terracotta und Gruppen solcher aus Kalkstein ausgegraben. Dem Anschein nach bestanden letztere (wie eine im Louvre Hist. de l'Art S. 587) aus kleineren an einem gemeinsamen Grunde haftenden Figürchen. Höchstwahrscheinlich hat man sich auch die einzeln gefundenen gruppenweise in den Tempeln aufgestellt zu denken, wie der förmliche Aufzug von Terracotten in einem der Gräber von Alambra auf Cypern (Cesn. St. S. 83). Es gab ohne Zweifel in den Tempeln einesehr bedeutende Anzahl solcher Terracotta- oder kalksteinerne Figuren ; die Langsche Collection hat mehrere abgebrochene Köpfe, welche dem unsrer weiblichen Figur sehr ähnlich sind. Noch bemerke ich, dass wie die Tänzerinnen Cecaldis wirklich tanzten, so auch nicht nur unsre Leierspielerin, sondern auch jene Tympanonschlägerinnen und Flötenblasenden wirklich spielend vorgestellt sind. Nach allem dem scheint es mir höchstwahrscheinlich, dass eine grosse Zahl der kleineren Statuetten, welche der Boden Cyperns geliefert hat, zu bildlichen Opferscenen gehört haben, welche bald mehr bald weniger vollständig dargestellt gewesen sein mögen, und so wäre auf der Bronzeschale von Idalion, welche in ganz dichter Nähe von dem idalischen Tempel gefunden ward, sehr vollständig eine gleichartige Opferscene abgebildet, wie sie in dem idalischen Tempel bildlich aufgestellt wären. Ein authentisches Beispiel eines solchen bildlichen Opfers begegnet uns innerhalb des griechischen Culturgebietes zu Delphi,

---

1) Auch A. P. di Cesnola, Salaminia S. 283, spricht von Chören von Musicirenden, ist aber nicht ganz deutlich.

wo ein *Ουσία τε καὶ πομπή* standen, *χαλκᾶ ποιήματα*, Paus X 18, 5 [1]), der Sage nach als ein Ersatz für ein wirkliches Opfer und Aufzug, welcher Sage wohl eine nicht ganz unrichtige Anschauung über die Art solcher bildlichen Opfer zu Grunde gelegen haben mag. Nicht ganz von diesen verschieden sind wohl die Reliefs mit Opferscenen. Cypern hat deren mehrere. Ich nenne ein Relief aus späterer Zeit (Doell XI 5, 766, Cesn. St. XXVI 3); auch hier ist der Gott, Apollo, selbst gegenwärtig und wird ein Tanz ausgeführt; über den Tanz im Apollo-Cultus sieh oben S. 32 Anm. 2. Dumont vergleicht dieses Relief mit einem aus Athene (Revue Arch. 1865 t. XII s. 214, Cecaldi S. 78). Weiter sind solche wahrscheinlich auch die bei Cesn. St. Taf. XCVI, 1, (Doell Taf. XI 3, 764), Cesn. St. Taf. XCVI, 4 (Doell Taf. X 2, 767), Cesn. St. Taf. XCVI, 6 (Doell Taf. XI, 1, 765), über deren Inschriften man sehe: Deecke Kypr. Insch. n°. 68, n°. 74 u. n°. 72; auf dem ersten und dem letzten sind auch die Götter gegenwärtig. Es scheint nun dieser Brauch, bildliche Opfer aufzustellen, sogar sehr besonders auf Cypern einheimisch gewesen zu sein, was um so wahrscheinlicher, da derselbe, — wie wir sogleich sehen werden, — nur eine besondere Erscheinungsform einer weit allgemeineren Sitte war, welche auch anderswo, besonders aber wiederum auf Cypern, uns begegnet.

1) Ὀρνεᾶται δὲ οἱ ἐν τῇ Ἀργολίδι πολέμῳ σφᾶς Σικυωνίων πιεζόντων τῷ Ἀπόλλωνι εὔξαντο, εἰ ἀπώσαιντο ἐκ τῆς πατρίδος τῶν Σικυωνίων τὸν στρατόν, πομπήν τε ἐν Δελφοῖς αὐτῷ στελεῖν ὁσημέραι καὶ ἱερεῖα θύσειν οἷα δὴ καὶ ὅσα ἀριθμόν. νικῶσί τε δὴ μάχῃ τοὺς Σικυωνίους, καὶ ὡς σφισιν ἐφ' ἡμέρας πάσης ἀποδιδοῦσι τὰ κατὰ τὴν εὐχὴν δαπάνη τε ἦν μεγάλη καὶ μείζων ἔτι τοῦ ἀναλώματος ἡ ταλαιπωρία, οὕτω δὴ σόφισμα εὑρίσκουσιν ἀναθεῖναι τῷ θεῷ θυσίαν τε καὶ πομπὴν χαλκᾶ ποιήματα.

IV.
Alte Cultusbräuche. Weihung des eignen Bildes.

Schon sehr frühe hat unzweifelhaft auch in der griechischen Volksreligion das mystische Element sich Bahn gebrochen. Es thut sich dasselbe schon kund in dem streng Ceremoniellen, in den Normirungen der Masse bei demjenigen was zum Cultus gehörte und dergl., alle Sachen, welche doch wenigstens nicht insgesammt als Erfindungen aus späterer Zeit angesehn werden dürfen. Ein sehr bezeichnendes Beispiel giebt auch der Feuerheerd (Hestia), das Opferfeuer, das auf mystische Weise die menschlichen Gemeinschaften zusammenzuhalten schien. So hatte man zu Delphi seine κοινὴ ἑστία, wohl etwa des ganzen Hellenenthums; nach der Schlacht bei Plataiai befahl der pythische Gott, alle Feuer im plataiïschen Lande, weil die Barbaren sie verunreinigt, auszulöschen, und sich reines Opferfeuer von jenem delphischen Feuerheerd zu holen. Es erinnert diese griechische Hestia nicht nur an das ewige Feuer der Vesta zu Rom, sondern auch an die hohe Bedeutung des Opferfeuers als welterhaltende Macht bei den Indern. Kein Zweifel, dass die Griechen mit solchen Anschauungen auf ur-indogermanischem Boden standen.

Doch hat sich gerade bei ihnen auch die uranfängliche, ich möchte sagen banale Grundbedeutung von Weihegaben und Opfer, — wonach sie Beschenkung der Götter mit Sachen, woran sie Freude haben können, und Speisungen derselben waren, — sehr kräftig und lange daneben im Bewusstsein erhalten. Ein προςομιλεῖν τοῖς θεοῖς εὐχαῖς καὶ ἀναθήμασι καὶ ξυμπάσῃ θεραπείᾳ θεῶν, wovon Plato spricht (de Leg, IV, 716 D) ist keine Sache der älteren Zeiten. Bei Homer wenigstens

---

1) Plutarch. Arist. XX.

sind jene älteren Anschauungen noch ganz die vorherrschenden. Zur besonderen Freude für Athena werden (ich nenne einige Beispiele) die Hörner des Opferthieres vergoldet, Od. III, 435 f.; Apollo erfreut sich, als er einen Paian zu seiner Ehre singen hört (Il. I, 472, sieh oben S. 32 Anm. 1), man gelobt einem Gotte *κεχαρισμένα ἱρά* und *χρύσια δῶρα*, Od. XVI, 184; förmlich erklärt Zeus von Opfern mitzukosten, Il. XXIII, 207; ein Opfer wird ein *δαίς* genannt, z. B. Il. I, 423, IV 48, XXIV, 69, Od. I, 26; nicht nur spendete man, wie auch später, bei der Mahlzeit den Göttern, sondern es verschmolzen sich sogar die Begriffe von eigener Mahlzeit und Opfer (wie am Verbum *ἱερεύειν*, Od. XIV, 250) und es war z. B eine gewisse Mahlzeit am Gestade des Meeres ein *δαὶς Ποσειδῶνος*, wobei man wie vom Gotte bewirthet ward (Od. III, 38, 44, 336 u. 420).

Waren nun zur Zeit Homers, — wovon viele Beispiele vorliegen, — *μολπή* (nicht ohne Instrumente) und *ὀρχηστύς* die *ἀναθήματα δαιτός* (Od. I, 152), so darf es keinen wundern, dass manchmal auch die Mahlzeiten der Götter, die Opfer, von Tanz und Musik begleitet wurden; sich oben S. 32. Auch ihre eigne Mahlzeit auf dem Olympos wird durch Musik und Gesang erheitert (Il. 1, 602). Bisweilen folgten nun aber den Mahlzeiten, wohl den mehr feierlichen, auch Wettstreite (Od. VIII, 67). Muthen wir den Griechen des 8en Jahrhundertes, der Zeit etwa der Homerischen Dichtung, ein zu grosses Mass von flachem Anthropomorphismus zu, wenn wir auch wiederum die Mahlzeiten der Götter, die Opfer, uns bisweilen, wenn dieselben pompöser ausgestattet wurden, durch Wettstreite gefolgt denken und hierin den Ursprung des förmlichen Institutes der *ἱεροὶ ἀγῶνες* erblicken, welches aber bald zu einer solchen Höhe nationaler Bedeutung erwuchs, dass ihr ursprünglicher Charakter als ein Zusatz zu einem grossen Opfer bald dabei vergessen wurde? Man wird doch nicht meinen, dass die Götter an solchen Sachen kein Vergnügen haben könnten, auch nicht dass Leute, welche den Göttern Speisen boten und sie durch Gesang, Musik und Tanz zu erheitern strebten, dies nicht auch durch Wettlauf und Ringkampf thun könnten. Auf dieselbe Urbedeutung dieser Agonen weisen beim bekannten ursprünglichen engen Zusammengehen von Götter- und Todtencultus auch die Wettstreite der feierlichen Leichenbegängnisse hin, wie des Patroklos und Achilles (vergleiche besonders Il. XXII, 163, Od. XXIV, 87, Paus. VIII. 4, 3); je schöner die Ausstattung, je grösser für die Todten die

Ehre. Ebenso wie die Opfer selbst, wie auch Tanz und Musik bei den Opfern, müssen nun auch die ἱεροὶ ἀγῶνες als gottesdienstliche Handlungen angesehen werden, obgleich sie damit noch nicht, wenigstens ihrem Grundcharakter nach, mit den δρώμενα der eleusischen Mysterien, wie etwa Petersen will [1]), auf eine Linie gestellt werden dürfen.

Noch auf einige Acte des Todtencultus lenke ich die Aufmerksamkeit. Bei dem Anfang der Todtenfeier zur Ehre des Patroklos sagt Achill zu den Myrmidonen (Il. XXIII, 7):

$$\dot{\alpha}\lambda\lambda' \; \alpha\dot{\upsilon}\tauο\tilde{\iota}\varsigma \; \ddot{\iota}\pi\pi ο\iota \sigma\iota \; \kappa\alpha\dot{\iota} \; \ddot{\alpha}\rho\mu\alpha\sigma\iota \; \ddot{\alpha}\sigma\sigma ον \; \iotaόντες$$
$$\Piάτροκλον \; κλαίωμεν \cdot \; ὃ \; γὰρ \; γέρας \; ἐστὶ \; θανόντων.$$

Worauf sie τρὶς περὶ νεκρὸν ἐΰτριχας ἤλασαν ἵππους μυρόμενοι. Beim Verbrennen der Leiche Achills (Od. XXIV, 68)

$$πολλοὶ \; δ'ἥρωες \; Ἀχαιοὶ$$
$$τεύχεσι \; ἐρρώσαντο \; πυρὴν \; πέρι \; καιομένοιο,$$
$$πεζοί \; θ' \; ἱππῆές \; τε \cdot \; πολὺς \; δ'ὀρυμαγδὸς \; ὀρώρει.$$

Auch war wohl der Aufzug, womit die Leiche des Patroklos zum Scheiterhaufen geführt ward, ein γέρας für den Todten

$$ἂν \; δ'ἔβαν \; ἐν \; δίφροισι \; παραβάται \; ἡνίοχοι \; τέ \cdot$$
$$πρόσθε \; μὲν \; ἱππῆες. \; μετὰ \; δὲ \; νέφος \; εἵπετο \; πεζῶν,$$
$$μυρίοι \; (Il. \; XXIII, \; 132).$$

Es waren dies keine Ehrenbezeichnungen in unsrem Sinne an einem Manne militärischen Standes, sondern man kannte überhaupt in jenen Zeiten keine herrlicheren ἀγάλματα, - - wie der Ausdruck lautet, -- als die von Pferden und Reitern, und ging bei allen jenen Paradereitereien und Aufzügen ursprünglich wohl von der Vorstellung aus, dass die Todten selbst eine grosse Freude daran haben müssten, wenn solche Herrlichkeiten ihnen zu Ehren aufgeführt würden, wie doch bekanntlich auch die Todtenopfer ursprünglich wohl als Speisungen der Todten gedacht wurden. Bis in die Einzelheiten beschreibt Agamemnon in der Unterwelt dem Achill die Feierlichkeiten bei dessen Leichenbegängniss: wie würde sich der Held in seiner Seele gewundert haben, wenn er die herrlichen Preise hätte sehen können, welche Thetis sich von den Göttern erbeten hatte für die damals statt gefun-

---

[1]) Die Kunst des Pheidias S. 21.

den habenden Wettstreite; er war aber von den Göttern sehr geliebt (Od. XXIV, 35 f. bes. 85 f.). Schon that bei jenen Paradereitereien einigermassen das Rituelle sich kund, namentlich darin, dass man genau drei Male um die Leiche herumritt. Länger als bei den Todten scheint bei den Göttern die Vorstellung einer directen Theilnahme derselben an den γέρατα, welche ihnen erwiesen wurden, sich erhalten zu haben. Dem Opfer ging sehr gewöhnlich eine πομπή vorher; wie ergötzen sich die Götter an einer solchen noch am Friese des Parthenons. Eben dieser Panathenaien-Aufzug zeigt durch ihre πολέμιστήρια, παραβάται und ἡνίοχοι, — die Paradereiter auch jener Leichenbegängnisse, — das hohe Alter solcher πομπαί. Auch Olympia hatte die seinigen [1]); man denke nur an die πομπικὴ ἔσοδος, welche nach Pausanias μόνη τοῖς πομπεύουσιν ὁδός war (V, 15, 2). Auch solche πομπαί wurden ganz als gottesdienstliche Handlungen angesehen. Nach jener oben citirten Sage bei Pausanias hinsichtlich der metallenen Ουσία und πομπή zu Delphi gelobten die Orneaten dem Gotte sowohl eine πομπὴν zu στελεῖν als ἱερεῖα Ουσειν. In einer panathenäischen Inschrift wird das Ουειν und πέμπειν τὴν πομπὴν τῇ Θεῷ ganz auf eine Linie gestellt [2]).

Ich kehre jetzt abermals zurück zu jenen metallenen Ουσία und πομπή und jenen Statuetten tanzender und musicirender Weiber auf Cypern; doch nehme hinzu jene Reiter und Wagen der idalischen, athienuschen und alten olympischen Opferasche (S. 2), die Terracotta-Krieger, Reiter, Wagen und Pferde der kyprischen Gräber [3]) und den förmlichen Aufzug in einem der Gräber von Alambra; und so komme ich zu dem Schluss, dass, wie auf Cypern zahlreiche tanzende und musicirende Priesterinnen aus bildlichen Opferscenen uns begegnen, wie zu Delphi eine bildliche Ουσία und πομπή sich fanden, — ebenso die Reiter und Wagen aus der olympischen und kyprischen Opferasche von bildlichen, mehr oder weniger vollständigen, πομπαί stammen, welche den Göttern als Weihegaben geboten waren, — eine eigenthümliche Art von Votiven, — und weiter, dass ebenso den Todten ihre gewöhnlichen Ehrenbezeigungen (γέρατα), Paradereitereien, Aufzüge und dergl., im Abbild mit in das Grab ge-

---

1) Krauze Olympia S. 91.
2) Corp. Insc. Att. vol. alt. pars. prior n°. 463.
3) Auch in bocotischen und älteren attischen wurden solche gefunden, wie Furtwängler bemerkt, Bronzefünde S. 30.

geben wurden. Ganz in demselben Sinne schenkte man nun auch später den Göttern die Bilder der Athleten in ihren Agonen [1]) und sehr natürlich ist es, dass dieser Brauch sich auf die Sieger beschränkte. Es waren auch solche Bilder Weihegaben an die Gottheit, aber da sie auch den Aufgestellten selbst zu nicht geringer Ehre gereichten, so verwischte sich leicht ihre ursprüngliche Bedeutung, so dass ein Pausanias sie ausdrücklich von jenen absondern konnte (V, 21, 1). Doch zeigt noch die gewöhnliche Weihungsformell, $\varDelta \iota \grave{\iota}$ 'Ολυμπίῳ, was sie ursprünglich waren. Richtig bemerkt Furtwängler [2]), dass jene Reiter und Wagen aus der olympischen Opferasche keinen Bezug auf die Wettstreite gehabt haben können; doch waren diese alten Votive, ihrer geistigen Grundbedeutung nach, ganz gleichartige Weihegaben, wie jene Athletenbilder; und waren nun letztere unzweifelhaft die jüngeren, so sehen wir, wie dieselben der Idee nach in Anschauungen würzelten, welche schon lange vorher auf dem Gebiete der Altis gäng und gäbe waren.

Ausser den gewöhnlichen $\dot{\alpha}\nu\alpha\vartheta\acute{\eta}\mu\alpha\tau\alpha$, Geschenken deren Anblick Göttern und Todten unmittelbar Freude machen konnte, kannte man in Griechenland, auf Cypern, in Argolis (Orneai), zu Olympia und anderswo, schon seit sehr alten Zeiten auch solche, welche nur bildliche Vergegenwärtigungen waren von Handlungen, welche ihnen zur Ehre und zur Ergötzung vollzogen wurden. Ein Ersatz für wirklich vollzogene waren diese ihrem Ursprunge nach wohl nicht, könnten es aber doch leicht werden. — Manchmal mag sich auch ein solches bildlich dargebrachtes Opfer und bildliche $\pi o \mu \pi \acute{\eta}$ auf einzelne Opferthiere, — welche unter den Opfervotiven vielfach vorkommen, — und einzelne Reiter und Wagen beschränkt haben.

Tief in dem Wesen jeder Religion begründet ist der Brauch, wonach der Mensch während kürzerer oder längerer Zeit das eigene Leben dem Dienste der Gottheit unterordnet, gleichsam in gewisser Hinsicht sich selbst als ein Opfer ihr darbietet. Auch Griechenland hatte seine der Gottheit geweihten Priester und Priesterinnen, auch Kinder, welche derselben auf kürzere oder längere Zeit übergeben worden waren. So hatte z. B. Athen seine Arrephoren, welche $\chi\rho\acute{o}\nu o\nu$ $\tau\iota\nu\grave{\alpha}$ $\delta\acute{\iota}\alpha\iota\tau\alpha\nu$ $\check{\epsilon}\chi o\upsilon\sigma\iota$ $\pi\alpha\rho\grave{\alpha}$ $\tau\tilde{\eta}$ $\vartheta\epsilon\tilde{\omega}$

---

1) Λοξία τεαῖσι ἁμίλλαις Pind. Isthm., VII (VI) 49.
2) Bronzefünde S. 30.

(Paus. I, 27, 3). Besonders Artemis hatte jungfräuliche Priesterinnen (Paus. VII 18, 7; 19, 1. 2; VIII 5, 8); aber auch Poseidon zu Kalauria (Paus. II 33, 3) und Herakles zu Thespiai (Paus. X, 27, 5); bei jenem blieben dieselben im Dienst bis zu der Zeit der Heirath, bei diesem während des ganzen Lebens. Auf einem Hügel bei Elateia stand ein Heiligthum von Athena Kranaia; dies hatte viele Hallen und Wohnungen, in welchem wohnten, οἷς τὴν θεὸν θεραπεύειν καθέστηκε, καὶ ἄλλοις καὶ μάλιστα τῷ ἱερωμένῳ; dieser war ein Knabe, welchem während fünf Jahre dieses Amt oblag, während welcher er τήν τε ἄλλην δίαιταν hat παρὰ τῇ θεῷ und er nach alterthümlicher Weise sich badete (λουτρὰ αἱ ἀσάμινθοι κατὰ τρόπον εἰσὶν αὐτῷ τὸν ἀρχαῖον; Paus. X 34, 4), Einer Priesterin der Gaia unweit von Krathis in Achaia lag es ob zu ἁγιστεύειν, auch vorher sollte sie nur einmal verheiratet gewesen sein (Paus. VII, 25, 8). Ἁγιστεύειν mussten auch der Priester und Priesterin der Artemis Hymnia bei Orchomenos in Arcadien und wohl nicht nur ἐς τὰς μίξεις, sondern auch in der übrigen Lebensweise während des ganzen Lebens; ihre Lebensweise war sowohl hinsichtlich der Bäder, als in allen übrigen Sachen von der gewöhnlichen verschieden und es stand ihnen nicht frei bei nicht priesterlichen Leuten einzukehren (ἐς οἰκίαν παριέναι ἀνδρὸς ἰδιώτου; Paus. VIII, 13, 1). Aus diesen Beispielen, die sich leicht mehren liessen, ist doch die Sache hinlänglich klar. Auch Unfreie konnten den Göttern geschenkt werden (Hierodulen); das bekannteste Beispiel ist das des Korinthiers Xenophon, welcher der Aphrodite viele Hetairen gelobte, wenn er zu Olympia siegen sollte, und auch wirklich nach errungenem Siege ihr geschenkt hat; worauf auch Pindar in dem Scolion, dass er für Xenophon dichtete, Bezug genommen hat (Ath. XIII c. 33, mit dem Frag. Pindars, sich auch Bergk Frag. 122). Auch solche Hierodulen trugen wohl etwa priesterlichen Charakter; mächtig war ihre Fürbitte bei der Gottheit; hatte man zu Korinth von der Aphrodite Wichtiges zu erbitten, so mehrte man die Anzahl der Hetairen, damit ihrer so viele wie möglich zu derselben beten sollten, und diese blieben später ἐπὶ τοῖς ἱεροῖς (Ath. XIII C. 32); solche räucherten nach Pindar (in jenem Fragm.), τᾶς χλωρᾶς λιβάνου ξαθὰ δάκρη, "im Geiste sich erhebend zu der himmlischen Mutter Aphrodite", — und gerade auch als Hetairen dienten sie der Gottheit. Nicht nur doch durch jungfräuliche Enthaltsamkeit schien man einer gewissen himmlischen Lebensnorm sich anzunähern, sondern umgekehrt auch brachten der Aphrodite nach asiatischer Sitte Weiber ihre Keuschheit dar. Es war diese Sitte nach Herodot[1]) auf Cypern ganz dieselbe als bei den Asiaten. Irre ich nicht, so war dieselbe im übrigen Griechenland, — man könnte sagen im hellenischen Geiste, — in so weit abgeändert, dass die Verpflichtung zu einem solchen Opfer nur den Hierodulinnen oblag, andren Weibern aber als ein freiwilliges an gesonderten Aphrodisien freistand So doch sind vielleicht die von Athenaios an jener Stelle citirten Verse des Alexis zu erklären:

$$\dot{\alpha}\varphi\varrho o\delta\acute{\iota}\sigma\acute{\iota} \; \mathring{\eta}\gamma\varepsilon \; \tau\alpha\tilde{\iota}\varsigma \; \dot{\varepsilon}\tau\alpha\acute{\iota}\varrho\alpha\iota\varsigma \; \eta \; \pi\acute{o}\lambda\iota\varsigma,$$
$$\ddot{\varepsilon}\tau\varepsilon\varrho\alpha \; \delta\grave{\varepsilon} \; \chi\omega\varrho\acute{\iota}\varsigma \; \dot{\varepsilon}\sigma\tau\iota \; \tau\alpha\tilde{\iota}\varsigma \; \dot{\varepsilon}\lambda\varepsilon\upsilon\vartheta\acute{\varepsilon}\varrho\alpha\iota\varsigma.$$

Wahrscheinlich waren nun die Namen ἱερώμενος und ἱερωμένη die gewöhnlicheren für solche priesterliche Personen, bei welchen dieser Charakter des der Gottheit Geweihten stärker hervortrat. Doch gab es sogar unter den oben aufgezählten auch ἱερεῖς und ἱερείαι, und es lässt sich wohl sagen, dass überhaupt auch im griechischen Alterthume der Priester leicht angesehen werden konnte als einer, der nicht nur etwa geschäftsmässig die gottesdienstlichen Handlungen verrichtete, sondern auch mit eigner Person der Gottheit sich übergeben hatte. Auch um das Besitzthum einer Priesterschaft freute sich die Gottheit, auch ein Priester war ihr, so zu sagen, ein ἄγαλμα, wie denn auch manchmal eine priesterliche Person ihr sich selbst, man könnte sagen, förmlich geschenkt hatte, oder von andern geschenkt worden war (Kinder, Hierodulen), — ein γέρας wie so viele andre; und wenn nun die Erinnerung an die Paradereitereien ihrer πομπαί und die Athleten ihrer ἄμιλλαι den Göttern so höchst erfreulich war, wie sollten sie nicht gern in ihrem heiligen Haine auch die Bilder derjenigen vor sich sehen, welche selbst nach jener Weise als ein γέρας sich ihnen ergeben hatten? Es standen nach Pausanias vor einem Tempel der Demeter zu Hermione einige Bilder von Weibern, welche Priesterinnen der Demeter gewesen waren[2]). Derartige Bilder sind nun aber auf Cypern sehr zahlreich zu Tage getreten. Schon längst sind als Priesterbilder erkannt worden wohl die meisten der vorhandenen männlichen kyprischen Statuen. Dass nun besonders auf Cypern diese Sitte so allgemein

---

1) I, 199 fin. ἐνιαχῇ δὲ καὶ τῆς Κύπρου ἐστὶ παραπλήσιος τούτῳ νόμος.
2) Paus. II, 33, 4: γυναικῶν ἱερασμένων τῇ Δήμητρι εἰκόνες οὐ πολλαί.

war, macht jene Erklärung derselben um so wahrscheinlicher, denn γέρατα im Abbild begegneten uns wohl nirgendwo häufiger und in älteren Zeiten (Gräber von Alambra) als eben dort. Man hat gemeint, dass diese kyprischen Priester etwa als Opfernde dargestellt waren; und dies wäre an sich nicht unannehmlich [1]). Sie tragen Lustrations-Zweige (Z. B. die bei Lang Taf. I, uns. Fig. Taf. VI, 19, Gazett. Arch. 1878 Taf. XXXV, Cesn. St. Taf. XXIX, 1, uns. Fig. Taf. IV, 15), Pyxides und Schalen (Z. B. Cesn. St. Taf. XXVI 1), Pyxides und Zweige (Z. B. Cesn. St. Taf. XXV); fast alle aber auf verschiedene Weise, die meisten auf sehr lässige, so dass man schwerlich annehmen kann, dass der Dargestellte begriffen sei, jene Gegenstände zu irgend einem Gebrauch anzuwenden. Es waren denn auch alle diese Sachen wohl nur allgemeine Andeutungen der dargestellten Personen als Priester. Ebenso sind auch die Tauben, die mehrere in der Handhalten (Z. B. uns. Fig. Taf. V, 17), schwerlich, wie Chanot meinte, wie zum Opfer nach einem gewissen orientalischen Ritus, mit der Linken an den Flügeln, angefasst. Der Priester mit der Taube (uns. Fig. Taf. V, 18) hält sie auf ausgestreckter flacher Hand, so auch der bei Doell. Taf. IV 6; wiederum anders, sogar in der Rechten, hält sie der in der Gazette Arch. 1876. Taf. XXXI abgebildete, welchen man für kyprisch gehalten hat, doch vielleicht eher phönikisch war, in welchem Fall wir doch desto mehr die Beachtung jenes orientalischen Ritus bei demselben zu erwarten hätten; in der Rechten halten sie auch die bei Doell Taf. IV, 4, (100) u. 7 (91). So können auch diese Tauben schwerlich mehr gewesen sein als eine allgemeine Erinnerung an das Opfer. Vielleicht aber auch dies nicht. Es waren doch Tauben das gewöhnliche Attribut der Aphrodite-Astarte, womit diese z. B. schon dargestellt war an einem kleinen mykenischen Idol (Schliemann Mykenae N°. 292), weiter z. B. noch an einer Statuette im Mus. Nap. Taf. XXVI, 2; wie nun, wie wir sahen (S. 34), die Priester durch die Attribute der Gottheit als ihre Vertreter angedeutet wurden, wie Chryses durch das στέμμα Ἀπόλλωνος als Apollopriester sich legitimirte, so gab man nicht unwahrscheinlich diesen Aphrodite-Priestern die Taube bei. Damit ist noch nicht gesagt, dass sie diese auch in der Wirklichkeit trugen, da die Kunst hier sehr leicht über diese hinausgegangen sein kann. Es hielt Aeterianus bei Calvus (Macr. III, 8; Serv. ad Aen. II,

---

[1]) Chanot Gazette Arch. 1878 S. 192 ff. und 1879 S. 187 ff.; Renan Rev. Arch. 1879 S. 321 ff.

632) ein" simulacrum Cypri barbatum corpore, sed veste muliebri, cum sceptro ac statura viri" für ein Bild des Hermaphroditos. Wohl mit Unrecht. Wahrscheinlich war es eins jener bärtigen Priesterbilder im langen, dem weiblichen ganz gleichen Festgewande, welches er für ein Bild der Gottheit selbst ansah; das sceptrum war wohl, wie bei Chryses, ein Zeichen der Priesterwürde. Zuletzt waren unzweifelhaft auch Priesterbilder die oben (S. 17) besprochenen alterthümlichen Statuen meistens in der stattlichen Tracht mit in der Chlaina verwickeltem rechten Arme.

Weiter kannte schon Hesiodos Knaben als Tempeldiener der Aphrodite (Theog. V. 988 [1])). Dies waren oder wurden ihre Lieblinge Kinyras und Phaethon, wie auch Amarakos, — der Sage nach ein »puer regius" und »unguentarius,˝ qui casu lapsus, dum ferret unguenta, majorem ex confusione odorem creavit" (Serv. ad Aen. I v. 697) [2]). Das Bild nun eines solchen salbentragenden Knaben als Tempeldiener ist wohl unsre männliche Statuette mit den kleinen Gefässen in der Linken. Nach der oben (S. 33) citirten Stelle des Empedokles bei Athen. wurde die Göttin versöhnt auch *μύροισι δαιδαλεόδμοις*. Auch sind Knaben als Tempeldiener der abgebildete bei Doell Taf. V, 12 und Hist. de l'Art S. 38, mit kurzem Oberchiton, (unter welchem, wie es scheint, ein längerer) und einem Alabastron (dem gewöhnlichen Salbenfläschchen), — der mit kurzem Chiton und Taube bei Doell Taf V, 6 (154), — vier mit Tauben bei Doell Taf. IV, 3 (98), 4 (100), 6 (103), 7 (91), — einer mit einer Ziege oder wohl Böckchen, ebenfalls ein Thier der Aphrodite [3]), bei Doell Taf IV 5 (99), und überhaupt wohl der grösste Theil der zahlreichen von Doell verzeichneten Jünglings- und Knabenstatuetten n°. 89—122, n° 135—168. Bilder von weiblichen *ἱερώμεναι* gab es unzweifelhaft ebenso. Jene kleinen Figürchen Cecaldis (Taf. XVII, 2, uns. Fig. Taf. II, 9, 10) und die bei Doell Taf. I, (27), 1, 3 (22), und n° 23—26 tragen eine Blume gegen die Brust, wie die Taube, eins der gewöhnlichsten Attribute Aphroditens, die meisten ausserdem eine Halskette. Die grössere bei Cecaldi (Taf. XVIII, 1, uns. Fig. Taf. II, 11) hat die Blume, die doppelte Halskette und eine (der früher

---

1) τὸν (sc. Φαέθοντα) ἴα νέον τέρεν ἄνθος ἔχοντ᾽ ἐρικυδέος Ἥβης
παῖδ᾽ ἀταλὰ φρονέοντα φιλομμειδὴς Ἀφροδίτη
ὦρτ᾽ ἀνερειψαμένη, καί μιν ζαθέοις ἐνὶ νηοῖς
νηοπόλον μύχιον ποιήσατο, δαίμονα δῖον.
2) Engel Kypros S. 95 u. 125.
3) Engel Kypros II S. 154.

beschriebenen aber nicht ganz gleiche) Mütze. Eine grössere bei Doell Taf. 1, 8 (21) hat Blume und doppelte Halskette. Die schon mehrmals besprochene (S. 16, 25 u. 31) Statue (Cesn. St. Taf.XXXV, 1) wird von Doell (n°. 28) folgender Weise beschrieben: »Weibliche Figur in ungewöhnlich reicher Bekleidung, mit dem linken Fuss ein wenig vorschreitend. Die rechte Hand ist vor die Brust erhoben und hielt wohl eine Blume; die gesenkte Linke hat einen Theil des Gewandes gefasst. Vom Haupthaar, das mit einer kleinen flachen Mütze bedeckt ist, fallen zu jeder Seite drei lange Locken über die Schultern nach vorn herab. Die Ohren sind mit Ohrgehängen, der Hals ist mit einem Perlenband geschmückt, an welchem ein Amulet hängt. An jedem Vorderarm ein Armring. Die Bekleidung des Körpers besteht aus einem mit kurzen Aermeln versehenen langen Untergewande und aus einem faltenreichen Obergewande, das an der Vorderseite offen und an den Rändern zierlich gefaltet ist. Ausserdem ist von der linken Schulter quer zur rechten Hüfte ein breites, der Länge nach gefaltetes Band gezogen" etc. Es zeigt mithin diese Statuette den völligen oben besprochenen (S. 33 flg.) Toilettenapparat der Göttin und ihrer Dienerinnen. Es kann nun Einem schwerlich in den Sinn kommen alle diese Bilder für Aphroditen zu erklären. Vielmehr hat man in solchen weiblichen Statuetten, welche in ihrer äusseren Ausstattung bald mehr bald weniger, manchmal fast nur durch die Blume, der Göttin sich nähern, Bilder von Priesterinnen zu sehen, nicht wie jene musicirenden und tanzenden in Gruppen aufgestellt, sondern jede für sich in völlig ruhiger Haltung mit niedergesenkter Linken und gegen die Brust gehaltener Rechten, worin die Blume. Es waren solche Priesterinnenbilder neben denen der Priester und Tempelknaben in den kyprischen Heiligthümern ganz an ihrem Platze.

Dass auf Cypern auch Könige ihr Bild aufstellten, — was schon jene Bilder mit der königlichen Shenti, und die mit der $μίτρα$ (Lang Taf. II, 4, uns. Fig. Taf. IV, 14; Her. VII 90 sieh oben S. 15 Anm. 1) sehr wahrscheinlich machen, — hat wenig Auffallendes, zumal dieselben dort Priester waren. Es beschränkte sich aber diese Sitte nicht auf priesterliche Personen. Die Griechin Ladike, Frau des Amasis, sandte ihr Bild nach ihrer Vaterstadt Kyrene der Aphrodite, ebenso auch Amasis selbst nach der selben Stadt seine $εἰκόνα$ $γραφῇ$ $εἰκασμένην$ und der samischen Hera $εἰκόνας$ $ἑωυτοῦ$ $διφασίας$ $ξυλίνας$ (Herod. II, 181 u. 182).

Es ist nicht wahrscheinlich, dass vorher solche eigne Bilder als ἀναθήματα an den hellenischen Heiligthümern unbekannt waren. Wenigstens können die ältesten der milesischen Statuen, worin wir bekanntlich unbedingt solche ἀναθήματα zu sehen haben, nicht beträchtlich jünger als jene der Ladike und des Amasis gewesen sein [1]). Ausser diesen ist noch der Kreter Cheirisophos, dessen Bild neben dem des Apollo stand, wohl ein sicheres Beispiel (Paus. VIII, 53, 3). Bei solchen war wahrscheinlich das aufgestellte Bild ursprünglich etwa ein Ersatz für die eigene Person, wie nach obiger Bemerkung bildliche Opfer anfänglich wohl nur monumentale Erinnerungen an wirkliche waren, bald aber wahrscheinlich auch als ein Ersatz für solche gegeben wurden; die Bilder der Geweihten hatten dann andre veranlasst, anstatt auch selbst als Geweihter einzutreten, der Gottheit ihr Bild zu schicken. Es waren nun solche Bilder, wie dies besonders deutlich bei denen der Ladike und Amasis hervortritt, ἀναθήματα, Geschenke an die Gottheit; das Bild des Chares, eine der milesischen Statuen, wird in seiner Inschrift (Roehl Inscript. Graecae etc. n°. 488 [2]) als ein Besitzthum des Apollo bezeichnet [3]). Doch musste bei allen solchen Bildern, den priesterlichen sowohl wie den nicht-priesterlichen, ganz wie bei denen der Athleten (die von diesen unabhängig, doch auf gleicher Grundlage in analoger Weise sich entwickelten) das Moment des Ehrenbezeigenden, auch für den Aufgestellten selbst, immer stärker hervortreten, so dass solche besonders auch von andren als von diesen selbst den Göttern geschenkt wurden. Dies waren die später so haüfigen Ehrenstatuen, in deren Inschriften aber ebenso Formeln wie Διὶ 'Ολυμπίῳ sehr gewöhnlich sind. Stets grösser wurde nun bei einer solchen Entwicklung auch die Veranlassung zur Porträtbildung. Ursprünglich war doch wohl den Göttern mehr daran gelegen

---

1) Overbeck Plastik I S. 95.
2) Χάρης εἰμὶ ὁ Κλεισίος Τειχούσ(σ)ης ἀρχός ἄγαλμα τοῦ 'Απόλλωνος.
3) Es gibt auch mehrere Weihungsinschriften von kyprischen Statuen; da aber meistens diese selbst nicht mitgefunden wurden, (sieh eine Statuette mit Inschrift Cesn. Sal. S. 91, Deecke n°, 127 und Deecke n°. 75; Schmidt XII, 1), so lässt sich deren Charakter nicht weiter bestimmen. Die besser erhaltenen solcher Inschriften sind Deecke n° 37 (Schm. XVII u. 1). 45 (Schm. XX u. 6) und 76 (Schm. XVIII. n. 2); von den kyprischen Inschriften in griechischer Schrift sich z. B. Cesn. St. S. 367, griechische Inschriften n°. 1 u. 2. Nach diesen waren die Statuen nicht von den übrigen ἀναθήματα unterschieden. Sehr bezeichnend schenkt in Deecke n°. 45 König Aristokonon dem Gott Osiris eine Statue »bittend, als Gelübde, für sein Kind Persentes".

einen Athleten oder ihnen Geweihten im Bild aufgestellt zu sehen, als den so oder sogenannten; lang mag auch die Inschrift auf der Basis genügt haben. Noch Plinius kannte bekanntlich nicht-iconische Bilder so gut wie die iconischen; ein solches konnte man nur nach dreimaligem Siege beanspruchen [1]). An den kyprischen Priesterbildern, wenigstens an den ältern, scheint mir meistens das Allgemein-typische so sehr vorherrschend, dass ich beanstande mit Renan, Chanot u. a. dieselben für beabsichtigte Porträtbilder zu halten; gelungene sind sie doch wohl auf keinen Fall. So erklären sich jene Priesterbilder im Zusammenhang mit andren unzweifelhaft verwandten Erscheinungen. Nach Renan (l. c.) waren dieselben als »Herren des Opfers" dargestellt, wie der semitische Ausdruck lautet, und gaben sie als solche der Gottheit ihr Bild, damit diese des dargebrachten Opfers sich erinnre. Für diesen Zweck aber wurden, wie ich oben dargethan, in den kyprischen Heiligthümern bildliche Opferscenen aufgestellt; auch waren, wie wir bemerkten, jene Priester nicht eigentlich als Opfernde dargestellt. Sie waren sogar auch durch den Opferapparat, den sie trugen, nur im allgemeinen als Priester charakterisirt, wie die Könige durch Pschent, Mitra oder Shenti. Solche Könige waren doch wenigstens nicht als Herren des Opfers dargestellt; auch nicht jene jugendlichen und weiblichen ἱερώμενοι. Ansprechender scheint mir die Meinung Chanots (l. c.), nach welcher in den kyprischen, wie in den ägyptischen Heiligthümern (Herod. II, 142 [2])), jeder priesterliche Vorsteher derselben bei seinem Leben sein Bild aufstellte, in der Weise, dass sich dieselbe in streng chronologischer Ordnung an einander reihten. Nicht unmöglich, dass es wirklich solche chronologische Folgenreihen von Priesterstatuen in den kyprischen Heiligthümern gegeben hat, doch wird damit die Sitte nicht eigentlich erklärt, am wenigsten auch auf diese Weise in jener Allgemeinheit, wonach auch die Bilder von Tempelknaben, ἱερώμεναι, Königen und Privatleuten den Göttern geweiht wurden. Bei der Frage nun ob dieselbe fremden, semitischen oder ägyptischen, Ursprunges sei, beachte man, dass sie nur eine der Erscheinungsformen jener all-

---

1) Hist. Nat. XXXV, 9: ubi (Olympiae) omnium, qui vicissent, statuas dicari mos erat. Eorum vero, qui ter ibi superavissent, ex membris ipsorum similitudine expressa, quas iconicas vocant.

2) Es war aber an dieser Stelle Herodotos bekanntlich mannichfach im Irrthume; nach Sayce in seiner Herodotos Ausgabe waren jene Bilder sogar von Göttern, nicht von Priestern.

gemeineren war den Göttern und Todten ihre γέρατα im Abbild darzubringen, welche schon in den ältesten kyprischen Gräbern und der ältesten olympischen Opferasche uns begegnet, und dass mithin zu zeigen wäre, wie der Gedanke einer derartigen Ehrenbezeugung an Götter und Todten von aussen her in die griechische Culturwelt eingedrungen. Ich muss darüber die Entscheidung, — wenn dieselbe überhaupt möglich, — andern überlassen. Dass aber kein hohes Alter gegen die Beeinflüssung des griechischen Culturlebens von semitischer Seite spricht, beweiset schon die kyprische Hauptgöttin selbst, die Aphrodite Kyprogeneia.

V.

Die Kyprogeneia. Schlussbemerkungen.

Dass die Kyprier Recht hatten, als sie gewissermassen die Verehrung ihrer nationalen Hauptgöttin auf semitische Vorbilder zurückführten, — als sie, nach Herodots nicht sehr bestimmtem Ausdruck (I, 105), angesichts des ἱρὸν der Aphrodite Urania in Askalon sagten, dass τὸ ἐν Κύπρῳ ἱρὸν ἐντεῦθεν ἐγένετο, — lässt sich im allgemeinen nicht bezweifeln. Doch geht man nach meiner Ansicht zu weit, wenn man die Aphrodite, — wie man gewöhnlich thut, — schlechthin als eine, höchstens mehr oder weniger hellenisirte, orientalische Göttin bezeichnet. Gibt sie doch nur, — wie ich nachweisen zu können hoffe, — ein schlagendes Beispiel, wie das ursprünglich Indogermanische durch das Hinzutreten fremder Elemente umgestaltet werden konnte.

Ich gehe bei dieser Untersuchung aus von dem zweifellos, so weit die Hauptsachen angeht, noch in sehr alterthümlicher Fassung vorliegenden Mythos der Aphroditegeburt bei Hesiodos (Theog. 180 f.)

φίλου δ'ἀπὸ μήδεα πατρὸς (des Uranos)
ἐσσυμένως ἤμησε (der Kronos), πάλιν δ'ἔρριψε φέρεσθαι
ἐξοπίσω· τὰ μὲν οὔτι ἐτώσια ἔκφυγε χειρός·
ὅσσαι γὰρ ῥαθάμιγγες ἀπέσσυθεν αἱματόεσσαι,
πάσας δέξατο Γαῖα· περιπλομένων δ'ἐνιαυτῶν
γείνατ' Ἐρινῦς τε κρατερὰς μεγάλους τε Γίγαντας,
Νύμφας θ'ἃς Μελίας καλέουσ' ἐπ' ἀπείρονα γαῖαν·
μήδεα δ' ὡς τοπρῶτον ἀποτμήξας ἀδάμαντι
κάββαλ' ἀπ' ἠπείροιο πολυκλύστῳ ἐνὶ πόντῳ,

ὡς φέρετ ἄμ πέλαγος πουλὺν χρόνον, ἀμφὶ δὲ λευκὸς
ἀφρὸς ἀπ᾽ ἀθανάτου χροός ὤρνυτο. τῷ δ᾽ἔνι κούρη
ἐθρέφθη· πρῶτον δὲ Κυθήροισι ζαθέοισιν
ἔπλητ᾽, ἔνθεν ἔπειτα περίρρυτον ἵκετο Κύπρον.
ἐκ δ᾽ ἔβη αἰδοίη καλὴ θεός, ἀμφὶ δὲ ποίη
ποσσὶν ὕπο ῥαδινοῖσιν ἀέξετο· τὴν δ᾽ Ἀφροδίτην
κικλήσκουσι θεοί τε καὶ ἀνέρες, οὕνεκ᾽ ἐν ἀφρῷ
θρέφθη.

Beachtung verdient es, dass schon Kuhn (die Herabkunft des Feuers und des Göttertranks S. 25) die schaumgeborene Aphrodite mit der indischen Segens- und Schönheitsgöttin Çrî verglichen hat, welche, wie auch der Unsterblichkeitstrank, amr̥ta, aus den Wellen des Wolkenoceans emporstieg. Weiter weise ich darauf hin, in welcher nahen Beziehung sie hier bei Hesiodos vorkommt mit solchen gut indogermanischen Wesen, wie *Giganten* [1]), *Erinnyen* und *melische Nymphen* (Kuhn l. c. S. 25, 133 f., 225); wie diese aus den Blutstropfen, die beim Abschneiden der μήδεα des Uranos hinabfielen, so ist die Aphrodite aus diesen μήδεα selber entstanden. Es zeigt denn auch dieselbe mit jenen eine bedeutende mythologische Wesenverwandtschaft. Dies aber bedarf einen weiteren Nachweis.

Es geht ein tiefer dualistischer Zug durch den ganzen indogermanischen Mythenschatz, besonders in der Gestaltung, worin derselbe bei den Griechen sich findet. So waren erstens jene griechischen *Giganten* schreckliche Ungeheuer, welche von den Göttern des Lichts, unter welchen Athena sehr hervorragt, bekämpft wurden. Tief gefühlt weiter noch Aischylos in seinen Eumeniden den gewaltigen Gegensatz zwischen den Göttern des Lichts, Apollo und Athena, und den schwarzen [2]), wild fortjagenden Schreckenswesen, den *Erinnyen* [3]). Als eine Erinnye galt bekanntlich ursprünglich auch Demeter; eine Vorstellung, welche sich in Arcadien, zu Phigaleia und Thelpusa, noch in sehr späten Zeiten erhalten hat; sie ward dort auch μελαίνη genannt (Paus. VIII, 5, 5; 25, 3; 42). Auch sie war eins jener in den schwarzen Wolkenmassen gewaltig forteilenden Wesen;

---

1) Mannhardt Germanische Mythen S. 175, folg. u. 205.
2) So dachte sie Aischylos Eum. V. 352; ihm ist die Nacht die Mutter derselben. Sieh z. B. V. 321.
3) Man sehe darüber Kuhn in seinem berühmten Aufsatz "Saraṇyu, Ἐρινύς,. (Zeitschr. für vergleichende Sprachf. 1852) S. 452.

wie auch Persephassa ursprünglich wohl nicht nur in der Unterwelt, wie nach der Odyss. XI, 634, sondern auch am Himmel mit der γοργείη κεφαλή auf die Leute eindrang; nach Euripides (Ion 987 f.) tödtete Athena die Gorgo in dem Gigantenkampf und ward das Fell derselben ihre Aigis; hier wird mithin die Gorgo, — was doch ein mit jenem Schreckenshaupt aufs engste verwandtes Wesen ist [1]), — ganz zu den von den Göttern des Lichts bekämpften Ungeheuern gestellt. Nun könnte man freilich sehr leicht alle solche Schreckenswesen auch als Mächte der Unterwelt sich denken; die Giganten und bei Euripides auch die Gorgo waren Erdgeborene; alle solche Ungeheuer schienen wohl dem Hause des Hades entstiegen [2]) um die Götter des Lichts zu bekämpfen. Ebenso werden sie diesen auch in ethischer Beziehung gegenübergestellt, die wilden bluträchenden Erinnyen den reinigenden und versöhnenden Lichtwesen.

Unzweifelhaft gehörte ursprünglich auch Ares zu diesem Kreis. Später war er nur Kriegsgott; aber nicht so sehr vermöge seiner eigenen Heldennatur (wie z. B. Athena), obgleich er sich begreiflicher Weise auch als einen gewaltigen Krieger ausgebildet hat; war doch bei ihm der Krieg von seiner entsetzlichen schreckenerregenden Seite aufgefasst; er war der Gott des gewaltigen, Tod- und Verderben bringenden Tobens des Kampfes, der tollen Wuth und blinden rücksichtslosen Raserei, wie er bei Homer gesagt wird zu μαίνεσθαι (z. B. Il. XV, 605), oder wohl ἐπιμίξ zu μαίνεσθαι (Od. XI, 537), wie er ist ἀλλοςπρόςαλλος, wie er nur wüthet um zu wüthen; — von andren (z. B Apollo und Aphrodite) losgelassen, angehetzt, mithin nicht nach eignem Entschluss, wüthet er, wie Hera dem Zeus klagt, unter den Achaiern, er der Sinnlose (ἄφρων), der οὔτινα οἶδε θέμιστα (Il. V 761). Bei Sophocles ist er auch ausser dem Kriege der Verderbenbringer (Aj. 254, Oid. Tyr. 190, wo ihm die Pest zugeschrieben wird) und dies nun muss er ursprünglich wohl ganz im allgemeinen gewesen sein; er war aber als solcher wohl nirgendwo mehr an seinem Platz als im Kriege, so dass man ihn zuletzt beinahe ausschliesslich auf diesen bezogen hat. Solche Würgengel, deren Wesen es war alles Leben zu verderben, waren nun auch die Erinnyen, von wel-

---

1) Es wird dieselbe bekanntlich nicht durchgängig mit der Medusa identificirt.
2) Die Erinnyen sprechen von ihren οἶκοι γᾶς ὕπαί Aesch. Eum. V. 417. Sieh noch Il. XIX, 260.

chen z. B. Apoll bei Aischylos in den Eumen. (v. 186) sagt, dass sie dort zu Hause sind,

οὗ καρανιστῆρες ὀφθαλμωρύχοι
δίκαι, σφαγαί τε, σπέρματός τ'ἀποφθοραὶ
παίδων, κακοῦ τε χλοῦνις, ἠδ' ἀκρωνία, κτέ.

Wüst und wild war auch ihr Treiben; ohne Unterschied zu machen treiben sie einen jeden vor sich aus, der sich mit Blut befleckt hatte; nach dem Masse und der Art seiner Schuld fragten sie nicht, — man denke nur an Orestes, — »sinnlos" gewissermassen stürmten auch sie dahin, nur achtend des ihnen vorauseilenden Unglücklichen, der ihrer Macht anheimgefallen, damit er nicht entkäme.

Es lässt sich aber die Parallele noch weiter ziehen, obgleich begreiflicher Weise, was bei den Erinnyen zu ihrem meist ausgeprägten Wesen gehört, bei Ares manchmal nur als half verschwommener Zug erkennbar ist. Vielleicht verdient es schon Beachtung, dass wie die Erinnyen nur als Eumeniden einer höheren gesitteten Weltordnung sich fügen, so auch Ares an jener Stelle Homers gesagt wird keine θέμιστα zu kennen. Sehr bezeichnend aber schreibt Sophocles den Wahnsinn des Ajax dem Ares zu, V. 706, — nach der Erklärung des Scholiasten ist Ares dort λύσσα, μανία; — es war doch auch unzweifelhaft die eigenste Wirkung der Erinnyen, dass sie den Geist und das Gemüth der Verfolgten verblendeten und bethörten (Eum. 327 f., 376), wie bei Homer auch von ihnen die ἄτη ist (Il. XIX, 87; Od. XV, 234). Es haschten die Erinnyen nach Blut, sie saugten ihre Schlachtopfer aus (Eum. V. 264); »Geruch von Menschenblut lacht" bei Aischylos »sie an" (V. 253); gefüllt sind sie mit blutigem Schaum und Klumpen (V. 174). Möge auch das αἵματος ἆσαι "Ἄρηα des Homer (Il.V, 288, VIII, 78, XXII, 267) fast zu einen gleichgültigen Ausdruck für das Erschlagensein abgestumpft sein, so geht derselbe doch auf die Vorstellung zurück, dass der Ares sich sättigte mit dem Blute der Erschlagenen, — nicht etwa der von ihm selbst Erlegten; es gehört solches nicht zu dem allgemeinen Wesen einer Kriegsgottheit; ich glaube z. B. nicht dass man gleiches leicht von einer Athena gesagt haben würde. Es ist der Ares der Blutbefleckte, der μιαιφόνος, der βροτολοιγός, dessen Lebenselement sogar das abscheuliche, tief widerwärtige Würgen und Blutvergiessen der Schlachten war. Wie die Gorgonen unzweifelhaft mit den Erinnyen aufs engste verwandten Wesen waren [1]), so werden bei Homer die Augen des Ares mit denen der Gorgo auf eine Linie gestellt (Il. VIII, 349). Es scheint, dass die Wesen des Ares und der Erinnyen sich besonders dadurch entzweit haben, dass wie man jenem, dem männlichen Schreckenswesen, einen Bezug gab auf den Krieg, ebenso diesen, den weiblichen, einen auf die Blutrache. Doch kann auch letzterer dem Ares schwerlich zu jeder Zeit fremd gewesen sein. Bekanntlich gab es an dem Fusse seines Hügels zu Athen Altäre der Erinnyen (oder Semnen), und diesen Hügel selbst haben wir nach dem Obengesagten (S. 6) wohl als ein ursprüngliches Heiligthum des Gottes anzusehen, wie darauf auch der Sage nach die Amazonen dem Ares geopfert hatten (Eumen. 658); auf diesem Areopagos nun, dem ursprünglichen Heiligthume des Ares, wurden bekanntlich die Blutgerichte abgehalten. Später hat sich nun der Gott so ganz als Kriegsgott und wüster Krieger ausgebildet, dass man die Blutgerichte auf seinem Hügel nur durch die missliche Annahme zu erklären wusste, dass er selbst dort zuerst wegen einer Blutschuld geurtheilt worden war. Es hatte bei Homer dieser ungesittete Olympier noch einen bei weitem mehr alterthümlich mythischen Charakter als die meisten übrigen Götter; noch fühlt man es ihm an, dass er, nicht so völlig, wie meistens diese, von den Naturerscheinungen gelöst, zu einer Persönlichkeit mehr gewöhnlicher Art sich ausgebildet hat. Als auf Athenas Geheiss Diomedes ihn verwundet hat, schreit er wie neun- oder zehntausend Männer; es zittern sowohl Troer wie Achaier (Il. V, 859 f.); und in der unmittelbar darauf folgenden Vergleichung erscheint der Gott sogar als ein schwarzes am Himmel zwischen den Wolken forteilendes Wesen, eine $ἀήρ$, Luft, Luftzug, Wind, was wirklich auf einen Zusammenhang, dem ursprünglichen mythischen Wesen nach, mit den Erinnyen zurückzuweisen scheint.

$$Οἵη\ δ'ἐκ\ νεφέων\ ἐρεβεννὴ\ φαίνεται\ ἀὴρ$$
$$καύματος\ ἒξ\ ἀνέμοιο\ δυσαέος\ ὀρνυμένοιο·$$
$$τοῖος\ Τυδείδῃ\ Διομήδεϊ\ χάλκεος\ Ἄρης$$
$$φαινέθ'ὁμοῦ\ νεφέεσσιν\ ἰὼν\ ἐς\ οὐρανὸν\ εὐρύν\ ^{2}).$$

---

1) K. O. Müller, Aeschylos Eumeniden. S. 185.
2) War vielleicht Ares wirklich seiner mythologischen Grundbedeutung nach der Sturmwind (Luftzug, $ἀήρ$) zwischen den Wolkenbäumen (melische Nymphen), den schwarzen eilenden Wolken (Erinnyen) und der aus dem Schaume des Wolkenmeeres geborenen (Aphrodite)? Ist jenes Geschrei wie von neun- oder zehntausend Männern, vor dem die ganze Welt, Troer

Anderswo ist die Lichtgöttin Athena selbst mit diesem Ungeheuer im Kampfe. Wie den Riesen Enkeladas im Gigantenkampfe streckte sie ihn darnieder; er bedeckt mit seinem Körper sieben Plethra (Il. XXI 407). Wirklich, kann man sagen, passte ein solches Wesen nicht eigentlich in den Rahmen des so ziemlich nach menschlichem Masse bemessenen Kampfplatzes der Ilias, und wahrscheinlich haben wir hier einen nur halb gelungenen Versuch einen echt mythischen Kampf dort zu localisiren. Noch verdient möglich auch dies Beachtung, dass obgleich die indo-germanischen Wolkenwesen vielfach als Rosse, ganz oder theilweise, gedacht wurden, man doch auch Eber im wilden Treiben der Wolkenstürme zu erkennen pflegte [1]), und damit stimmt nun wohl, dass nach der bekannten Sage der Ares den Adonis tödtete in Ebergestalt; ja vielleicht findet so erst folgendes Fragment des Sophocles (n°. 720, Plut. Mor. 23, c) seine völlige Erklärung:

Τυφλὸς γάρ, ὦ γυναῖκες, οὐδ'ὁρῶν Ἄρης
συὸς προσώπῳ πάντα τυρβάζει κακά [2]).

Wahrscheinlich war auch an dieser Stelle Ares nur im allgemeinen der Verderbenbringer, und ganz mit dem oben beschriebenen Wesen des Gottes in Einklang ist das τυφλὸς τυρβάζειν κακά. Die Meinung Welckers [3]), dass der Ares ursprünglich ein Sonnengott war, ist wohl ganz unhaltbar und wenn Preller [4]) dafür auf den 8ᵉⁿ Homerischen Hymnos sich beruft, so ist er dabei entschieden im Irrthum. Ist doch dieser Hymnos aus sehr später Zeit und schon Ernesti [5]) erklärte die Worte:

πυραυγέα κύκλον ἑλίσσων
αἰθέρος ἑπταπόροις ἐνὶ τείρεσιν, ἔνθα σε πῶλοι
ζαφλεγέες τριτάτης ὑπὲρ ἄντυγος αἰὲν ἔχουσι·

vom Planeten Mars; was das einzig Mögliche, denn ἑπταπόροις ἐν τείρεσι kann nur bedeuten »inter septem errantia sidera, planetas"; nur erkläre ich nicht mit Ernesti τριτάτης ὑπὲρ ἄντυγος von Saturnus her

---

wie Achaier, erzittern, vielleicht das gewaltige Heulen im Sturme? Ich wage es nicht zu entscheiden. Mir kommt es hier nur darauf an das enge Zusammengehen des Ares mit jenen Wolkenwesen ins Licht zu stellen.
1) Schwartz, Der Ursprung der Mythologie, S. 268 u. 269.
2) Man könnte vielleicht meinen, dass das συὸς πρόσωπον eine allgemeine Bezeichnung des Schreckenhaften sei, doch kenne ich dafür keine Belege.
3) Griechische Götterlehre 1, 415.
4) Griechische Mythologie, 1, S. 269.
5) Baumeister Hymni Homer., S. 343.

zählend durch »tertio loco inter planetas", sondern »jenseits des dritten Kreises", jenseits des Erdkreises, mithin im vierten.

Es war bekanntlich Ares der uralte Stammgott Thebens, παλαίχθων Ἄρης, wie es bei Aischylos heisst (Sept. adv. Th. v. 106). Eben im bocotischen Lande steht er nun in gewisser Beziehung zu allen von Hesiodos an jener Stelle genannten weiblichen Wesen. Nur sehr in der Ferne freilich mit den melischen Nymphen. Die Quelle nördlich vom Ismenion hiess Melia; dieselbe wird aber auch bezeichnet als eine dem Ares geweihte, woneben das Wolkenwesen Kaanthos [1]) begraben war, der Bruder der Nymphe Melia (Paus. IX, 10, 5) [2]). Von mehr Bedeutung ist es, dass der Drache, den Kadmos erlegte, ein Sohn ist des Ares und der Erinnys-Tilphossa, welche Müller [3]) mit der Demeter-Erinnys von Thelpusa in Arcadien zusammenstellt. Aber der Aphrodite war der Gott hier wohl der förmliche Gemahl; sie war die προμάτωρ des thebischen Geschlechts (Sept. adv. Theb. v. 140), so zu sagen von den ersten Weltanfängen mit dem Gotte zusammen die göttliche oberste Herrscherin des Landes. Beider Kinder waren nach Hesiodos (Theog. v. 933), Phobos, Deimos und die Gattin des Kadmos Harmonia.

Nachdem wir Ares kennen gelernt und auf die nahe Verwandtschaft desselben mit den Erinnyen gewiesen, wird es keinen wundern, dass die uralte Gattin desselben eben so gut, wie die Erinnys-Demeter, die »schwarze" war zu Korinth (Paus. II 2, 4), in Arkadien unweit von Mantinea (VIII 6, 4) und auch in Boeotien zu Thespiae (IX 27, 4). Auch hat Welcker [4]) wohl Unrecht, als er die Ἀφροδίτη-ἐπιτυμβία zu Delphi, wovon Plutarch spricht (Quaest. Rom. c. 23, 269, C) etwa für eine erst in der Zeit des Verfalls zu Delphi eingeführte Römische Libitina hält [5]), es kann uns doch nach dem oben Gesagten schwerlich wundern, wenn eine der schwarzen Schreckensgottheiten, welche zu diesem Kreis gehörten,

---

1) Kuhn, die Herabkunft etc. S. 134.
2) Bursian Geographie von Griechenland I S. 225 Anm. 4.
3) Eumeniden S. 168, 169, 173 u 175.
4) Götterlehre II, 716.
5) An jener Stelle Plutarchs wird sogar umgekehrt das Wesen der Römischen Libitina durch die Vergleichung mit der Delphischen Epitumbia erklärt. Wie völlig hätte denn, zur Zeit als jene Schrift abgefasst wurde, schon jede Erinnerung an diese römische Neuerung verschwunden sein müssen, wenn diese Epitumbia selbst doch eigentlich nur die Libitina wäre.

auch als Grabesgottheit galt. Ja selbst ist die Annahme Engels [1]) einer Aphrodite-Erinnys, — das Seitenstück der Demeter-Erinnys, — sehr wahrscheinlich. Die Glosse des Hesychios Ἐρινύς: δαίμων καταχθόνιος ἢ Ἀφροδίτης εἴδωλον bedarf keiner Emendation. Es fand wahrscheinlich der Lexicograph in seinen Büchern etwas von einer Aphrodite als Erinnys, was — da als solche ihm die lebensvolle Liebesgöttin ganz unverständlich war — er so erklärte, als ob der Schatten der Aphrodite Erinnys wäre. Wir finden hier also eine von der Liebesgöttin, der Kypris oder Kyprogeneia, völlig verschiedene Aphrodite; und diese war so innigst verwachsen mit Mythen und Culten, deren urindogermanischer Charakter ausser Zweifel steht, dass an fremde Einflüsse bei ihr nicht gedacht werden kann.

Wie ward sie nun aber Kypris? Bekanntlich galten den Griechen, — oder wohl im allgemeinen den alten Völkern, — die fremden Götter gewöhnlich nur als ihre eignen unter andren Namen; man identificirte sie manchmal auf die meist äussere Veranlassung hin. Jene Frage gestaltet sich mithin so: wie konnten die alten kyprischen Griechen die Aphrodite mit der asiatischen Zeugungsgöttin (Istar, Astarte, Atargatis, Aschera, Baaltis, Mylitta [2])), die in Cult und Mythos besonders als die Göttin der geschlechtlichen Liebe sich herausstellt, identificiren? Sie verdankte dies wahrscheinlich schon der Geburt aus den μήδεα ihres Vaters, wie wenig derartige Beziehungen in dem ursprünglichen Sinne des alten Mythos gelegen haben mögen. In einem in die Theogonie des Hesiodos eingeschobenen Verse (200) finden wir denselben Gedanken: die Aphrodite war φιλομμηδής, ὅτι μηδέων ἐξεφαάνθη [3]); es lag dieser denn auch wohl sehr vor der Hand. Vor allem aber erinnre ich daran, dass jene Wolkenwesen, doch nicht zu jeder Zeit und an allen Orten Schreckenswesen waren. Es ward dies nicht einmal der Fall mit der Erinnyen, was schon Demeter zeigt, während auch bei ihren indischen Schwestern ein solcher Cha-

---

1) Kypros II S. 254. Ueberhaupt hat, so weit ich weiss, Engel zuerst ausführlich auf jenen eigenthümlichen Charakter der thebischen Aphrodite hingewiesen.

2) Dass alle diese Göttheiten mit einander sehr nahe verwandt sind, brauche ich wohl nicht zu sagen. Für die vier ersten wenigstens hat man völlige Identität beansprucht (sieh Wolf Baudissin in Herzogs Real-Encykl. unter Astarte und Atargatis).

3) Der Kirchenvater Clemens Alexand. Protr. Kap. 2. S. 13 führt denselben noch weiter aus: τὴν Ἀφροδίτην λέγω, τὴν φιλομηδέα, ὅτι μηδέων ἐξεφάνθη, μηδέων ἐκείνων τῶν ἀπςκεκομμένων Οὐρανοῦ, τῶν λάγνων, τῶν μετὰ τὴν τομὴν τὸ κῦμα βεβιασμένων.

rakter wohl nicht hervortritt; besonders aber war in Betreff der Aphrodite jene Vorstellung wohl nicht ganz verschwunden, welche uns in Indien begegnete und nach welcher die zugleich mit dem Unsterblichkeitstrank aus den Wellen Erstiegene eine Segens- und Schönheitsgöttin war. Dies nun dürfte wohl in nicht geringem Masse dazu beigetragen haben, sie als identisch mit der asiatischen Göttin erscheinen zu lassen. Einen ähnlichen doppelten Charakter zeigen auch andre Wolkenwesen. Die Indische Gandharven hatten nicht eben etwas Wildes, Schreckenerregendes: sie gewährten nicht nur »den herrlichen Unsterblichkeitstrank" sondern waren auch »weise kräuterlesende Arzte" [1]). Die Kentauren der Griechen aber sind, — vermöge jenes mehr dualistischen Charakters ihrer Mythologie, — rohe ungestüme Ungeheuer in gewaltigem Kampfe mit den Vertretern höherer Sitte, den Lapithen; doch hat daneben in dem Kentaur Chiron nach die andre Auffassung sich erhalten. Wie nun die Erinnys-Demeter auch die Göttin war, der man den Segen des blühenden Saatfeldes verdankte und wie vor dieser Auffassung, — ich weiss nicht durch welche Ursachen, — das Erinnyenhafte sich zuletzt fast ganz zurückzog, so ward durch die Berührung mit der asiatischen Göttin jene freundlichere Seite der Aphrodite die ganz vorherrschende, ward sie die Göttin der Schönheit und Liebe. Zahlreiche Cultformen und mythologische Anschauungen wurden nun auch von der asiatischen auf die griechische Göttin übertragen. Man lernte jetzt auch den Geliebten der Göttin, Adonis, kennen und schrieb den Tod desselben der Eifersucht des alten Ares-Gemahls zu. Jetzt ward sie auch die Urania. Es war doch jene asiatische Zeugungsgöttin die Gattin des Sonnengottes (Baal), selbst, wie man meint, Mondesgöttin; sie war, könnte man sagen mit den Worten, welche Pindar an jener oben citirten Stelle (S. 42) von der Aphrodite gebraucht, »die himmlische Mutter der Liebe" ($\mu\acute{\alpha}\tau\eta\varrho\ \acute{\epsilon}\varrho\acute{\omega}\tau\omega\nu\ o\grave{\upsilon}\varrho\alpha\nu\acute{\iota}\alpha$); die Göttin von Askalon war nach Herodot an jener Stelle (sich oben S. 50) eine Aphrodite-Urania; die Atargatis von Hierapolis ward mit der Hera identificirt (Pseudo-Luc. de Dea Syra). Auf diese Weise gestaltete sich auf Cypern eine ganz andre Aphrodite als jene Erinnyenhafte und diese überzog von daher das ganze griechische Culturgebiet. Kein Wunder, dass sie allerwegen die kyprische genannt wurde ($K\acute{\upsilon}\pi\varrho\iota\varsigma$) und man sogar den Act

---

[1]) Kuhn »Gandharven und Kentauren" S. 518 u. 528 (sieh oben S. 40 Anm. 2).

ihrer Geburt nach dieser Insel versetzte. So beeinflüsste durch Cypern der semitische Orient Griechenland schon in sehr alten Zeiten. Ohne diesen Einfluss wäre nicht unwahrscheinlich die Aphrodite ganz überwiegend eine schwarze Schreckensgöttin geworden, niemals eine Gottheit des uneingeschränkten Lebensgenusses, und es lässt sich leicht einsehen, wie ganz anders sich dadurch die geistige Entwicklung des hellenischen Volkes gestaltet haben würde. Dem olympischen Götterstaat war sie jetzt auch sehr leicht einzuverleiben, so ganz war sie an ihrem Platz zwischen den Göttern des Lichts, des frohen Lebens und einer höheren gesitteten Lebensordnung. Wie viel schwerer gelang dies mit Ares, dem bei Homer, wie wir schon oben sahen, die Hera seinen rohen, alle Gesetze verhöhnenden Ungestüm verwirft. Jetzt versuchte man es auch die Tochter des Uranos in die Familie des Zeus unterzubringen; man gab ihr als Eltern den Zeus selbst und die Dione; ihr Gemahl ward Hephaistos und der uralte Ares zu ihrem Buhlen herabgesetzt. So bei Homer. Hesiodos (Theog. v. 545) kannte die Aglaia als die Gemahlin des Hephaistos; und das überhaupt die Hesiodische Dichtung im Betreff der Aphrodite noch an den älteren mythologischen Anschauungen festhielt, erklärt sich leicht aus ihrem boeotischen Ursprung, da doch in Boeotiën, wie wir sahen, dieselbe ganz besonders zu Hause waren.

Doch verschwand, — wie schon jene delphische $\dot{\epsilon}\pi\iota\tau\nu\mu\beta\acute{\iota}\alpha$ und die Aphrodite-Erinnys zeigten, — jene Vorstellung der Aphrodite als eine schreckenbringende Todesgöttin nicht vollständig, obgleich die kyprische so zu völliger Herrschaft gelangte, dass man z. B. zu Melangeia in Arkadien das Wesen der hergebrachten schwarzen Aphrodite, welche man dort verehrte, nicht mehr verstand und sich die Sache so erklärte, dass $\dot{\alpha}\nu\theta\varrho\dot{\omega}\pi\omega$ $\mu\dot{\eta}$ $\tau\dot{\alpha}$ $\pi\dot{\alpha}\nu\tau\alpha$ $\alpha\acute{\iota}$ $\mu\acute{\iota}\xi\epsilon\iota\varsigma$ $\ddot{\omega}\sigma\pi\epsilon\varrho$ $\tau o\tilde{\iota}\varsigma$ $\varkappa\tau\acute{\eta}\nu\epsilon\sigma\iota$ $\mu\epsilon\theta'$ $\dot{\eta}\mu\acute{\epsilon}\varrho\alpha\nu$, $\tau\dot{\alpha}$ $\pi\lambda\epsilon\acute{\iota}\omega$ $\delta\acute{\epsilon}$ $\epsilon\dot{\iota}\sigma\iota\nu$ $\dot{\epsilon}\nu$ $\nu\nu\varkappa\tau\acute{\iota}$ (Paus. VIII 6, 5). Sophokles aber stützte sich eben auf dieses verschiedene Wesen der Aphrodite und gab demselben eine schöne, poetische Beziehung auf die Schrecken, so wohl als die Freuden der Liebe, wenn er singt:

$^{\tau}\Omega$ $\pi\alpha\tilde{\iota}\delta\epsilon\varsigma$, $\tilde{\eta}$ $\tau o\iota$ $K\acute{\nu}\pi\varrho\iota\varsigma$ $o\dot{\nu}$ $K\acute{\nu}\pi\varrho\iota\varsigma$ $\mu\acute{o}\nu o\nu$,
$\dot{\alpha}\lambda\lambda'$ $\dot{\epsilon}\sigma\tau\dot{\iota}$ $\pi o\lambda\lambda\tilde{\omega}\nu$ $\dot{o}\nu o\mu\acute{\alpha}\tau\omega\nu$ $\dot{\epsilon}\pi\acute{\omega}\nu\nu\mu o\varsigma$.
$\ddot{\epsilon}\sigma\tau\iota\nu$ $\mu\dot{\epsilon}\nu$ $^{"}A\iota\delta\eta\varsigma$, $\ddot{\epsilon}\sigma\tau\iota$ δ' $\ddot{\alpha}\varphi\theta\iota\tau o\varsigma$ $\beta\acute{\iota}\alpha$,
$\ddot{\epsilon}\sigma\tau\iota$ $\delta\dot{\epsilon}$ $\lambda\acute{\nu}\sigma\sigma\alpha$ $\mu\alpha\iota\nu\dot{\alpha}\varsigma$, $\ddot{\epsilon}\sigma\tau\iota$ $\delta'\ddot{\iota}\mu\epsilon\varrho o\varsigma$
$\ddot{\alpha}\varkappa\varrho\alpha\tau o\varsigma$, $\ddot{\epsilon}\sigma\tau'$ $o\dot{\iota}\mu\omega\gamma\mu\acute{o}\varsigma$. (Frag. 678, aus Stob. LXIII, 6).

Es ist dies um so schöner gesagt, je enger es sich an gegebene Vorstellungen anschliesst, je weniger hierbei eine völlig unumschränkte Phantasie des Dichters waltet [1]).

Als nun aber in Hesiodos Zeiten in Boeotien, die dort einheimische uralte Göttin, — welche alterthümliche Vorstellungen sich übrigens von derselben noch erhalten haben mögen, — doch ohne Bedenken als die auf Kypros geborene bezeichnet wird; als weiter in den Kreisen, worin die Homerische Dichtung entstand, jene mythologische Neugestaltung der Göttin, ihre Einbürgerung unter den olympischen Göttern, schon ganz vollzogen war, so lässt sich leicht einsehen auf welche alte Zeiten jene wirkliche Geburt auf Cypern durch asiatische Befrüchtung zurückgeht.

So betrachteten wir die alten Kyprier in Kunst und Cultus. Bei allen besondren Erwägungen aber ergiebt sich noch eine mehr allgemeine, und darauf lenke ich schliesslich noch kurz die Aufmerksamkeit. Wie bei der Entzifferung der kyprischen Inschriften sich ein griechischer Dialect herausgestellt hat, so begegneten uns jetzt auf Cypern dieselbe Anlage der Heiligthümer, eine ähnliche Vasen- und Terracotta-Industrie, dieselbe protogriechische Kleidung, wie im übrigen Griechenland. Bei grosser Gleichheit in Cultussachen überhaupt ist weiter der beiden Ländern eigene Brauch die γέρατα der Götter im Abbild aufzustellen sehr merkwürdig. Wohl lassen sich in Griechenland nur vereinzelte Beispiele einer Weihung von Priesterbildern aufweisen, welche auf Cypern sehr zahlreich vorkommen, und werden dort auch nur sehr wenige den Göttern geweihte Bilder erwähnt, welche nichtpriesterliche Personen darstellten; aber erstens stammt von letzteren sehr wahrscheinlich die sehr zahlreiche Klasse der Ehrenstatuen und zweitens ist aus denselben Anschauungen auch der Brauch den Göttern Athletenbilder zu schenken hervorgegangen. Es hat weiter Cypern das Griechische Cultur-

---

1) Ueberhaupt sind wir bei obigen Erörterungen von folgenden Voraussetzungen ausgegangen, deren volle Berechtigung aber nicht leicht in Abrede gestellt werden kann: erstens dass bei Homer, wie ganz localisirt, historisirt und poetisch überarbeitet die Mythen dort auch sein mögen, doch der ursprüngliche Charakter derselben hier oder dort noch hindurchschimmert; zweitens dass die Poeten des 5⁰ⁿ Jahrh., Aischylos und Sophokles, bei aller poetischen Freiheit, doch nicht die Mythen als einen gleichgültigen literarischen Stoff behandelten, sondern mehr oder weniger an die gegebenen mythologischen Anschauungen sich hielten, ja dass deren sogar in dieser Zeit nebst der geläufigeren noch andre halbverschwommene im Bewusstsein sich erhielten und die Dichter einigermassen in ihren Vorstellungen beherrschten.

gebiet, wozu es gehörte, sehr mächtig beeinflüsst. Dies zeigt besonders die unbedingte Herrschaft, wozu die kyprische Aphrodite in allen Griechischen Ländern und Städten gelangt ist. Eben aber diese semitisirte griechische Göttin verbürgt uns, dass der semitische Orient schon in sehr alter Zeit tief eingreifende Wirkungen auf das griechische Culturleben ausgeübt. Besonders in Cultussachen stand man fremden Einflüssen vielleicht am meisten offen: nichts übernahm man wohl leichter als eine bis jetzt unbekannte Weise, worauf ein Gott sich versöhnen liesse. Schon aber jene Athletenbilder erinnern daran, wie doch zuletzt kyprische und griechische Cultur sich entzweiten. Die hohe Entwicklung der hellenische Gymnastik ist Cypern wohl fremd geblieben. In den griechischen τεμένη erhoben sich ganz andre Tempelbauten, wie in den kyprischen. Es erhielt Cypern seine monumentale Kunst ebenso gut, ja schon früher, als das eigentliche Griechenland; niemals aber zeigte weder diese noch die Kunstindustrie der Vasen im entferntesten vom echt hellenischen Geiste sich durchdrungen. Ebenso blieb Cypern nahezu unberührt von der so bedeutungsvollen republikanischen Bewegung, die das übrige Griechenland so mächtig ergriff.

In der Ilias (XI, 20) kommt der grosse Ruf des nationalen Unternehmens gegen Troje auch zu Cypern, und Kinyras bezeugt seine Sympathie durch ein fürstliches Geschenk an Agamemnon, zieht selbst aber nicht mit. Nach andren Erzählungen entzog er sich listig der Heerfolge oder leistete nicht die versprochene Zufuhr von Lebensmittel [1]). So gefühlte schon die alte Sage, wie Cypern vom griechischen Leben sich entfremdete.

---

1) Eustath. ad Hom. Il. XI, 20. S, 827.

Taf VII